KB187347

앞으로 3년,
대담한 투자

100년의 금융역사가 증명한 불변의 법칙
앞으로 3년, 대담한 투자

지은이 | 최윤식

1판 1쇄 인쇄 | 2020년 5월 6일
1판 1쇄 발행 | 2020년 5월 11일

펴낸곳 | (주)지식노마드
펴낸이 | 김중현
표지 디자인 | 블루노머스디자인
본문 디자인 | 제이알컴
등록번호 | 제313-2007-000148호
등록일자 | 2007. 7. 10
(04032) 서울특별시 마포구 양화로 133, 1201호(서교동, 서교타워)
전화 | 02) 323-1410
팩스 | 02) 6499-1411
홈페이지 | knomad.co.kr
이메일 | knomad@knomad.co.kr

값 15,000원

ISBN 979-11-87481-80-5   13320

FUTURE SIGNALS for INVESTING

앞으로 3년, 대담한 투자

• 최윤식 지음 •

100년의 금융역사가 증명한 불변의 법칙

nomad
지식노마드

첫 번째 대기회가 시작되었다

우리는 지금 100년 금융역사에서 일곱 번째로 전개되는 대세상승장에 들어서고 있다. 1997년 IMF 외환위기와 2008년 글로벌 금융위기 이후의 상승장을 생생하게 기억하는 많은 개인투자자들이 주식시장에 들어오고 있다.

"앞으로 어느 정도의 기간 동안, 그리고 어느 정도의 높이까지 상승할까?" "어떻게 해야 대세상승의 높이 또는 그 이상을 나의 수익으로 만들 수 있을까?" 경제적인 안정을 이루고 행복한 미래를 설계하겠다는 희망을 품고 주식시장에 들어온 개인투자자들에게 절실한 질문이자 이 책의 가장 핵심적인 주제이다.

대세상승이란 말 그대로 크게 상승하는 금융시장이다. 지나고 나면 큰 그림으로 분명하게 알 수 있다. 그러나 상승이 진행되는 과정에 들어가 내 돈을 투자하는 순간 시장이 쉽지 않다는 사실을 절감하게 된다.

오르는가 싶은데 갑자기 내리고, 다시 크게 올랐다 급하게 내리고, 때로는 지루한 박스권에 갇혀 움직이지 않는다. 하루하루 변덕스럽게 움직이는 주가와 "이번만은 다르다"는 전문가의 분석을 보노라면 처음의 투자 판단에 대한 확신이 흔들리기 쉽다.

현대금융의 100년 역사에서 주식시장이 대폭락한 다음에 대세상승장이 전개된 것은 모두 6번이었다. 필자는 100년의 금융역사를 분석하여 예외없이 관철된 패턴을 찾아냈다. 대세상승장은 4단계를 거쳐 진행된다.

1단계: 1차 반등기로 상승의 에너지가 심리에서 나온다. 대폭락을 부른 공포감의 원인이 해소되면서 하락분의 절반 이상 반등하는 구간이다.
2단계: 2차 반등기로 경제 펀더멘털을 상승의 에너지로 해서 전고점 부근까지 상승한다. 의미 있는 수익을 거두려면 최소한 2단계까지는 버틸 수 있어야 한다. 펀더멘털에 따라 국가, 산업, 기업별 주가 차별화가 본격적으로 이루어지는 구간이다.
3단계: 박스권으로 대세상승 사이클 중에 쉬어 가는 구간이며 경제 펀더멘털에 의해 지속 기간이 달라진다.
4단계: 3차 상승기로 미래 성장을 에너지로 삼아 새로운 고점을 향해 상승한다. 4단계 중 가장 큰 수익을 얻을 수 있는 구간이다.

미래 예측은 무엇보다 '변하지 않는 것'과 '변하는 것'을 구분하는 데서 시작한다. 4단계 패턴은 미국이 망하지 않는다면 변하지 않을 불변의 법칙이다. 변하는 것은 각 단계마다의 진행 기간과 상승의 높이다.
이는 당시의 금융 환경과 실물경기에 의해 달라진다.

　이런 기본 인식 틀을 가지고 앞으로 전개될 대세상승의 흐름을 읽고
다음과 같은 질문에 답하려는 것이 이 책의 목적이다.

　"지금이 어느 단계인가?"
　"하나의 단계가 완성되고 다음 단계로 진행하는 것을 어떻게 미리 알 수
있을까?"
　"단계의 진행을 바꿀 뜻밖의 미래 가능성은 무엇이 있을까?"
　"각 단계에 대응하는 투자 전략은 어떻게 세워야 할까?"

　미래 시그널을 읽을 수 있으면 이들 질문에 대한 답도 자연스럽게 얻
을 수 있다. 대세상승기라고 해서 주가가 단기간에 일직선으로 상승하
지 않는다. 미국 다우존스지수는 2008년 금융위기 이후 11년에 걸쳐
4배 상승했다. 지수가 4배 상승하는 동안 수십 배 상승한 투자 종목도
쉽게 찾아볼 수 있다. 여기서 기억할 것이 있다. 놀라운 최종 수익은 유
럽 금융위기, 신흥국 외환위기, 연준의 금리인상 충격 등 11년 동안 발
생한 수많은 사건과 시장의 변동을 이겨낸 사람만이 누릴 수 있었다는
사실이다.

　변동을 이겨낼 수 있는 힘은 단순한 인내심이 아니라 큰 흐름을 읽
고, 무엇이 소음이고 무엇이 미래로 이끄는 시그널인지 분별할 수 있는
통찰력에서 나온다. 그래서 미래 시그널을 읽으면 혼란스러운 뉴스와
소음에 흔들리지 않고 큰 상승이 완성될 때까지 견딜 수 있는 힘을 얻

을 수 있다. 책 전체를 통해 각 단계의 상승 목표와 특징을 분석하고, 다음 변화를 예측하여 대응하는 데 꼭 필요한 시그널(미래 신호)을 찾아 설명하는 데 특히 중점을 둔 이유다.

쉽지 않은 경제 상황에 코로나19 팬데믹까지 겹쳐서 생활의 어려움이 가중되고, 미래는 더욱 불안해지고 있다. 많은 국민이 이번의 큰 기회를 잡아서 훨씬 안정된 생활을 누릴 수 있기를 간절히 바란다. 그러기 위해서는 시장을 이겨야 한다. 시장을 이기기 위해서는 시장을 꿰뚫어보는 통찰력이 필요하다. 통찰력은 특별히 타고난 능력이 아니라 조금 더 먼저 생각하고, 조금 더 많이 생각하면 누구나 얻을 수 있는 능력이다. 이 책이 개인투자자들의 노력을 더 정확한 방향으로 이끌고 더 성과를 높이는 데 도움이 되어 행복한 미래를 설계할 수 있는 힘을 줄 수 있기를 바란다.

위기 속에서도 '더 나은 미래'를 찾고자 하는 독자를 위해
미래학자 최윤식 박사

책이라는 매체의 한계로 인해 최신 정보를 모두 반영하지 못한 점이 아쉽다. 그러나 데이터 속에 내포되어 있는 패턴과 시그널 읽는 법에 집중한다면 앞으로의 변화를 읽는 통찰력을 기를 수 있을 것이다. 최신 데이터 분석과 시장의 변화에 대한 예측은 유튜브 채널 '최윤식, 최현식 TV'를 통해 지속적으로 업데이트해나갈 것을 약속드린다.

∘‥ **차례** ‥∘

∘‥ 들어가는 글 첫 번째 대기회가 시작되었다 4

1장 우리는 어디에 있는가?

∘‥ 이번에는 다를까? 13
∘‥ 2020년 1월 19
∘‥ 2020년 2월 24
∘‥ 2020년 3월, 운명의 달 28
∘‥ 미 연준의 다급한 행보에 숨은 뜻 32

2장 대세상승의 진행 법칙 4단계

∘‥ 드디어 첫 번째 대기회가 시작되었다 41
∘‥ 이미 100배 수익을 올린 투자자도 있다 45
∘‥ 미국과 한국 주식시장, 대폭락 후 어디까지 상승할까? 47
∘‥ 대세상승장은 4단계로 진행된다 54
∘‥ 대세상승장 2단계까지 버틸 수 있어야 한다 60
∘‥ 대세상승기에도 쉬어 가는 구간이 있다 63

3장 기회를 발견하는 투자 시나리오

∘‥ 이기는 투자자는 뉴스가 아니라 미래 신호를 읽는다 69
∘‥ 대폭락의 원인, 팬데믹에 가린 진짜 문제 74
∘‥ 주식시장 반등 패턴의 정밀 분석 83
∘‥ 금융시장 100년의 역사가 알려주는 대세상승장 투자 전략 87
∘‥ 예측 시나리오 : 대세상승의 패턴으로 보는 반등 시나리오 103

4장 어디서 사고 어디서 팔아야 하나?

○⋯ 본격적 대세상승의 시작을 알리는 신호를 찾아라   115

○⋯ 2개의 출발 신호를 확인하라   119

○⋯ 대세상승은 이렇게 시작된다   134

○⋯ 대세상승의 키 맨, 트럼프 대통령   141

○⋯ 한국과 미국 주식시장 대반등, 새로운 역사를 쓸 수 있을까?   151

○⋯ 1차 반등기, 저점을 버리고 고점을 연구하라   162

○⋯ 2차 반등기, 깊고 좁은 U자형 반등 가능성   167

○⋯ 쉬어가는 박스권 구간, 경계해야 할 또다른 대폭락의 가능성   179

○⋯ 코로나19, 가을에 한 번의 고비가 더 온다   183

○⋯ 3차 상승기, 최고의 수익을 주는 구간   191

5장 한국 시장, 무엇을 사야 하나?

○⋯ 한국 시장에 투자할 때 꼭 생각해야 할 것들   207

○⋯ 2008년 위기 후 1차 반등기의 업종별 패턴에서 배운다   217

○⋯ 2020년에 가장 크게 반등할 업종을 고르는 3가지 기준   229

○⋯ 또 다른 두 번의 대기회가 온다, 지금부터 준비하라   235

○⋯ 에필로그 마지막 당부, 이기는 투자자가 되자   239

FUTURE SIGNALS for INVESTING

1장

우리는 어디에 있는가?

future signals

이번에는
다를까?

최근 한국 주식시장에서는 전례 없는 이상한 일이 벌어지고 있다. 2020년 1월 하순 중국의 코로나19 확산세가 심상치 않다는 우려가 처음 국내에 보도되기 시작할 때부터 3월 말까지, 약 2개월 동안 한국 주식시장에서 외국인은 약 16조원을 매도하고 기관도 약 9조원을 팔았다. 이 기간 개인은 무려 23조원을 매수하며 외국인과 기관의 매도 물량 대부분을 받아냈다. 언론에서 '동학개미운동'이라고까지 부르는 이 전혀 새로운 현상을 어떻게 보아야 할까? 대체로 투자자의 5%만이 승리한다는 것이 상식으로 통하는 주식시장에서 과연 개인 투자자들 집단이 이번 투자에서 큰 수익을 낼 수 있을까?

"지금 아니면 못산다." 보통 상승기 부동산시장에서나 들리던 이 말을 주식시장에서 듣게 된 것도 처음인 듯하다. 하루 주식거래대금이 30조원을 넘었다. 불과 몇 달 전까지만 해도 영혼까지 긁어모아 아파트를 사려고 몰려들던 2030세대까지 주식시장으로 방향을 급선회했다. 고객예탁금도 2020년 4월 1일 기준으로 47조원을 넘어 역대 최고 기록을 갈아치웠다. 고객예탁금은 투자자가 주식을 사려고 증권계좌에 넣어둔 돈이다. 한국은행이 기준금리를 추가로 인하하면서 연 1%대로 예금 금리가 떨어지고, 정부의 강력한 부동산 투기 억제 정책과 코로나19 팬데믹의 경제적 충격으로 부동산 경기가 차갑게 얼어붙자 수백조원의 부동자금이 주식시장으로 눈을 돌리고 있다. 스마트폰에 익숙한 2030세대들을 중심으로 카카오페이증권의 업그레이드를 통한 증권계좌 개설 서비스가 오픈한 지 채 한 달도 안돼서 신규 계좌가 50만 개를 넘었다. 주식거래 활동계좌수도 폭발적으로 늘고 있다. 2019년 12월에 9만3062개가 증가한 데 비해 2020년 1월 20만7500개, 2월 34만 3065개, 3월 83만2846개가 늘어서 총 활동계좌 수가 3천만 개를 넘었다. 거의 모든 국민이 주식시장에 진입했다는 말이다. 중장년 투자자도 평소보다 3~4배 급증했다고 한다. 온라인 금융 시대에 각 증권사 지점마다 고객이 밀려들어서 대기표가 100장 이상씩 뽑혀 나간다. 5천만원짜리 수표를 들고 와서 계좌를 개설하고 삼성전자 등 대형주를 매수하는 사람이 있는가 하면, 10억원 넘는 뭉칫돈을 주식시장에 넣고 있는 사람도 있다고 한다.

그런데 한국만이 아니다. 미국에서도 개인들이 직접 혹은 펀드를 통해 주식시장에 진입하는 비율이 갑자기 높아졌다. 예를 들어 2020년 3월 초부터 중반 사이에 S&P500 지수를 추종하는 ETF(상장지수펀드)에서 기관의 투자금은 순매도를 기록한 데 반해 개인은 투자금을 늘려서 순매수를 기록했다.

Wall street pros panic over coronavirus while mom and pop buy!
월가 전문가들이 코로나 바이러스에 압도되어 있는 사이에 엄마와 아빠
는 샀다!

경제전문지 블룸버그는 위 제목의 3월 17일자 기사에서 "월스트리트
는 패닉에 빠져서 투매를 하고 있지만, 엄마와 아빠는 '침착하게' 사들
이고 있다"며 최근의 기현상을 소개하였다.

과거에 위기 이후의 큰 상승을 놓친 뼈아픈 경험에서 배운 학습 효
과가 만들어낸 결과인 듯하다. 1997년 동아시아 금융위기, 2008년 미
국발 금융위기를 맞아 50~75% 정도 폭락하며 투자자들을 공포에 떨
게 했던 주식시장이 결국 투자자에게 엄청난 수익을 안겨줬던 사실
을 모두가 기억하고 있다. 2008년 글로벌 금융위기 당시 코스피지수
는 1018.81포인트(2009. 3. 2.)까지 대폭락했지만, 2009년 말 1682.77까
지 반등하며 최저점 대비 65.2% 상승했다. 유럽발 금융위기의 시작과
실물경제의 회복이 뒤섞여 혼란스러워 보였던 2009년에 코스피지수는
45.4% 상승하였으나 개인투자자는 글로벌 금융위기 이후의 불안감으
로 하반기에 순매도로 돌아섰다. (2009년 순매수 규모는 외국인이 각각 9.6조
원(상반기), 20.5조원(하반기), 개인은 4.2조원(상반기), -3.9조원(하반기))[1] 그러나
2010년 말에 코스피지수는 2051.00로 저점 대비 101.3% 상승했다. 결
국 대부분의 상승분이 기관과 외국인 투자자의 몫으로 돌아갔다.

코로나19 사태로 전세계 주식시장이 대폭락하자 개인들이 다시 기회

---

[1] 한국거래소, 2010.04.22. "2009년도 '주식투자인구 및 주식보유현황' 조사"

가 왔다고 판단하고 행동하기 시작했다.

과연 이번이 다시없을 절호의 투자 기회일까?

기회라면 무엇을 언제 사고 언제 팔아야 할까?

개인의 매수가 주도하는 주식시장이 장기간 상승한 적이 없는데 이번에
는 다를까?

2008년 서브프라임 모기지 사태가 전세계 주식시장을 강타해 코스
피지수가 반토막 났을 때, 유럽이 흔들리면서 2011년 8월 2~5일 코스
피지수가 급락했을 때 개인 투자자들의 주식 자산이 무려 32조원이나
허공에서 사라졌다. 물론 폭락장에서는 워런 버핏도 뾰족한 수가 없다.
(2020년 2월에 버핏이 이끄는 버크셔해서웨이는 델타항공 주식 97만6000주를 주
당 평균 단가 46.40달러에 사들였다가 4월 초 22달러선까지 떨어지자 결국 손절매
에 나섰다) 그런데 같은 기간에 개인투자자의 손실이 기관이나 외국인
투자자보다 5배 이상 컸다는 점은 무언가 방법이 잘못되었기 때문이다.
다가오는 미래의 대기회에서 개인들이 과거처럼 큰 손해를 보지 않고,
자기의 투자 자산을 넉넉히 지키며, 더 나아가 시장을 이기는 투자 수
익률을 기록하는 방법은 무엇일까? 시장에서 이기려면 과거에 왜 패했
는지 그 원인을 먼저 알아야 한다.

개인투자자가 주식이나 각종 투자 시장에서 호구로 전락하는 이유가 몇
가지 있다. 그 중에서 가장 큰 이유는 정보의 비대칭성이다. 정보의 비대
칭성은 필연적으로 통찰력 부족을 가져온다. 통찰력 부족은 투자 종목

선택부터 매매 타이밍에까지 영향을 미친다. 주식시장에서 투자수익을 올리려면 저평가된 좋은 주식을 찾아 적정한 가치에 이를 때까지 들고 있거나, 좋은 주식의 변동성을 잘 예측하여 적절한 매도와 매수 타이밍을 잡아야 한다. 그러려면 상당한 수준의 정보와 지식이 필요하다.

투자시장은 '정보와 지식이 부의 원천'이라는 말이 가장 잘 어울리는 곳이다. 주식시장에서 승부는 정보의 비대칭성을 얼마나 극복하느냐에 달려 있다. 그러나 반칙성 정보인 내부자 정보를 제외한 나머지 정보와 지식에서도 개인투자자의 비대칭성은 너무 크다. 정보와 지식을 얻는 '속도'도 느리다. 아무리 좋은 정보를 알고 있더라도 다른 플레이어보다 늦게 알면 큰 도움이 되지 않는다. 뒷북만 치는 상황에 빠진다. 주식을 포함한 모든 투자시장에서 이 부분의 중요성을 간과하면 도박이나 투기의 수준을 넘어설 수 없다. 그 수준을 넘지 못한 개인투자자는 타짜와 빅머니의 먹이감이 된다. 도덕적으로 옳으냐 그르냐를 떠나 이것이 현실이다. (《부자의 시간(최윤식 지음, 2017)》 중에서)

위기 이후에 큰 기회가 온다는 것은 이제 많은 사람들이 학습을 통해 알고 있지만, 그것만으로는 부족하다. 예를 들어 생각해보자. 내가 특정 주식을 10,000원에 샀는데 반등 국면에서 20%가 올라 12,000원이 되었다. 기분이 좋을 것이다. 그런데 다시 흔들리며 8,000원으로 떨어졌다면 어떨까? 투자 경험으로 단련된 사람이 아니라면 심리적으로 2,000원 손실이 아니라 4,000원 손실로 느낄 것이다. 이때부터 정확한 판단이 어려워진다. 게다가 시장에는 주식이 한 종목만 있는 것이 아니다. 크게 날아오르는 다른 종목이 눈에 들어온다면 얼마나 버틸 수 있을까? 다시 9,000원으로 올라 주가가 한달 이상 흔들리는 모습을 보이면 십중팔구는 더 손해보기 전에 팔고 싶어질 것이다. 과거의 경험을 보면 운이 좋은 개인 투자자들이 11,000원 부근에서 팔고 나온다. 그 후 해당 종목은 20,000원까지 상승한다.

위기는 단선적으로 진행되지 않는다. 지금 국면에서 투자에서 성공하려면, 즉 복잡한 오르내림의 변동을 이겨내고 위기 후 상승의 큰 흐름을 자신의 수익으로 취하려면, 무엇보다도 위기의 성격과 위기가 전개되는 패턴을 이해해야 한다. 그에 기반해서 자기만의 투자 기준과 전략을 세우고 들어가야 한다.

이번 위기는 앞으로 어떻게 전개될까? 먼저 1월부터 3월까지의 급박했던 상황 전개를 차분히 복기하는 데서 시작해보자. 그 속에 이번 위기의 본질과 특징을 통찰할 수 있는 열쇠가 들어 있다.

2020년
1월

2020년 3월 15일(미국 동부시각, 이하 모든 시각은 현지 시각임), 미 연준이 오후 5시에 긴급 연방공개시장위원회FOMC를 개최하여 기준금리를 제로로 전격 인하했다. 그로부터 시간을 2개월만 거꾸로 돌려 보자. 2020년 초까지만 해도, 연준은 트럼프의 제로금리 인하 협박(?)에도 불구하고 그 가능성을 일축하며 연방기금금리를 (2019년 3번에 걸친 중간 조정 목적의 일시적 기준금리 인하 이후) 1.50~1.75%에서 동결하고 있었다. 2019년 12월 11일, 연준이 발표한 성명서를 보면 "(미국 경제) 전망에 대한 불확실성이 남아 있다", "경기 확장세를 유지하기 위해 적절히 행동하겠다"는 문구를 삭제하면서 서서히 매파 성향을 드러내기 시작했다. 직전 FOMC 회의에서 3번째 기준금리 인하를 단행했지만 앞으로 여건만 좋아진다면 기준금리 인상을 재개하겠다는 첫 신호였다.

당시 제롬 파월 연준 의장은 "현재 미국 경제 여건은 우호적favorable"

이라고 표현했다. '강한' 혹은 '견고한'이란 표현보다는 약한 단어지만 그 전보다는 경제에 대한 자신감이 커졌음을 반영하는 표현이다. 그리고 "현 상태의 통화정책(즉 1.50~1.75%의 기준금리)은 경제 활동의 지속적 확장과 강한 노동시장 여건, 2% 목표 근방의 인플레이션을 지지하기에 적절하다"고 했다. "노동시장은 강하고 경제 활동은 적정한 비율로 증가하고 있다" "일자리는 최근 몇 달 간 평균적으로 견고하고 실업률은 낮은 상태를 유지해 왔다" 며 미국 고용시장의 안정적 성장에 대한 확신을 드러냈다. "가계 지출이 강한 속도로 증가해 왔지만, 기업 고정 투자와 수출은 약한 상태로 남아 있다"는 말로 미국 경제의 70%를 담당하는 소비력에 대한 자신감도 피력했다.

이런 판단은 파월의 개인적 의견이 아니었다. FOMC 위원들의 2020년 기준금리 전망 점도표dot plot를 분석해 보면, 총 17명의 위원(투표권 없는 위원들을 포함) 중에서 기준금리 동결 13명, 기준금리 인하 0명, 기준금리 0.25% 인상 4명이었다. "금리를 높이려면 지속적이고 의미 있는 인플레이션을 보기를 원한다"며 금리 인상에 대해서는 신중하게 판단하겠다는 방향은 제시했지만, 연준이 서서히 매파 성향(금리 인상 방향)으로 전환 중이라는 신호가 연준 내부에서도 보이기 시작한 것이다. 월가도, 내심 제로금리를 원했지만, 당시 발표를 통해 최소 한 차례의 기준금리 추가 인하 전망마저 약해졌다며 연준의 매파 성향이 '약간 더' 강해졌다고 판단하기 시작했다.

필자는 2019년 연말 세미나와 2020년 연초 세미나 등에서 미국 주식 시장의 대조정 가능성에 대해 준비하라고 했다. (필자의 유튜브 방송, '최윤식, 최현식 TV'를 구독하는 독자라면, 2020년 1월 15일자 방송에서 "미국 주식시장 대조정을 준비하라"는 방송 내용을 기억할 것이다) 당시는 코로나19 사태가 중국 우한에서만 문제가 될 뿐, 팬데믹으로 발전하기 전이었다. (중국 1월 11일 코로나19로 인한 우한 폐렴 확진자 41명 공식 발표, 1월 14일 태국 첫 해외 확진자 발생, 1월 16일 일본 첫 확진자 발생, 1월 20일 한국 첫 확진자 발생) 코로나 19 팬데믹이 전세계를 휩쓰는 지금 당시의 분석을 되돌아보는 이유가 있다. 지금의 위기가 발생한 원인이 전적으로 코로나19 팬데믹 때문만은 아니기 때문이다. 근원적이고 복합적으로 작용하는 다른 원인을 이해해야, 위기의 본질과 그 이후의 회복 경로에 대해 정확하게 판단하고 대응할 수 있다.

필자가 2020년을 대조정의 시기로 지목한 이유는 간단했다. 미국 주식시장 버블 붕괴의 정확한 시점은 아무도 예측할 수 없다. 그러나 여러

지난 100년, 미국 주식시장 분석(GDP 대비 다우지수, 로그값)

출처: macrotrends.net

가지 정황과 미래 신호로 보아 그 때가 임박한 것은 확실하다고 판단했기 때문이다. 앞의 그래프는 미국 주식시장이 버블 팽창의 고점에 거의 도달했다는 것을 판단한 자료 중 하나다. GDP 대비 다우존스지수(이하 다우지수) 비율을 보여주는 그래프인데, 미국 주식시장의 가치가 역사상 최고치에 이미 도달했음을 알 수 있다.

연초에 트럼프 탄핵 이슈가 종결되면서 트럼프의 재선 가능성이 그만큼 높아졌다. (미국 민주당 낸시 펠로시 하원의장이 공개한 도널드 트럼프 대통령에 대한 탄핵 결의안에는 민주당의 최대 공격 포인트였던 '대가성 뇌물 및 강요죄'가 빠져 있었다. 결정적 증거를 찾지 못해 사법적으로 범죄 혐의 구성이 어렵다는 내부 결론에 도달했다는 의미다. 이미 시작부터 트럼프 탄핵 가능성은 더욱 낮아진 상태였다) 트럼프 대통령이 2020년 재선을 위해 다양한 경기부양책을 쏟아내고, 대선 기간에 막대한 선거자금이 시중에 넘쳐 흐르면서 주식시장의 대폭락을 늦출 수는 있다. 그렇다고 해도 2020년 선거 후에 대폭락이 시작될 것은 '정해진 미래'였다. 큰 조정 없이 2020년 대선까지 가더라도 주식 가격의 상승을 견인하는 호재가 다 소모되고(주식 가격에 이미 반영이 끝나고), 이제 남은 것은 연준의 기준금리 인상 재개와 글로벌 시장의 경기침체recession 공포 뿐이라는 생각이 시장을 사로잡으면, 수익 실현에 나서는 세력이 하나 둘씩 빠져나가면서 시장 대조정의 스위치가 눌러질 가능성이 크다고 보았다. 결국 트럼프가 인위적인 방법으로 주식시장 대폭락을 늦출 수 있는 최대 시간은 불과 1년 정도라고 판단했다.

앞의 그래프에서 보듯 2019년 말~2020년 1월 기준으로만 봐도 미국 주식시장은 역사상 최고 수준의 엄청난 버블이 부풀어 있는 상태였다. 게다가 미국 기업의 부채는 2008년 대비 2배 이상 증가했고, 하이일드 채권(투자부적격 등급 이하의 채권 발행자기 발행하는 채권으로 부도 가능성이 크기 때문에 높은 수익을 제공한다) 시장의 위험도 크게 높아진 상황이었다. 이런 시장 조건에서는 (당시로서는 그것이 무엇인지는 예측할 수 없었지만) 시장에 충격을 주는 특별한 사건이 일어나 시장의 잠재된 위험 요소를 강하게 자극하면 대폭락이 일어날 가능성이 충분한 상황이었다. 11월 미국 대선 전에 대폭락이 일어나지 않더라도, 2020년 한 해에는 12~15% 정도의 하락폭을 보이는 중간 조정기가 최소 1~2회 정도 발생할 가능성이 충분했다.

이런 분석을 토대로 필자는 2020년을 예측하는 신년 방송과 세미나를 통해 "현재 미국 주식시장의 버블이 상당하다. 트럼프의 주식시장 떠받치기 노력에도 불구하고 당장 내일이라도 갑작스럽게 주식시장 대조정이 일어나도 이상한 일은 아니다"라고 평가하면서 미국 주식시장 대폭락을 연초부터 준비하라고 조언했다.

2020년
2월

불길한 2020년 2월이 시작되었다. 2020년 2월 6일 기준, 중국의 코로나19 확진자(28,008명)와 사망자(549명)가 '계속' 빠르게 증가 중이었고, 공식 발표된 치사율은 2~3% 수준이었다.

(2월초 기준으로) 세계보건기구wнo가 제시하는 가장 낙관적인 시나리오는 2월 중하순에 정점에 이르고, 4월 초쯤에 '상황이 통제 가능한 수준'으로 안정되는 것이다. WHO의 낙관적 시나리오는 가능성이 점점 줄고 있다. 중국에서 춘제 연휴(1월 24~30일)를 전후해 우한 주민 500만여 명이 중국 전역과 동남아로 이동했기 때문에 인위적인 추가 확산 방지 노력이 성공할 가능성이 아주 낮다. 완전 종식 때까지 사스 5개월, 신종플루 1년, 메르스 7개월의 시간이 걸렸다. 이를 감안할 때 빨라야 2020년 3분기, 늦으면 2020년 말까지 영향권 안에 머무를 듯하다.

(한국)기업 입장에서는 2020년 4월까지 급격한 경제 위축이 지속될(최악의 시나리오) 가능성을 대비해야 한다. 그리고 상황이 통제 가능한 수준에 이르기까지의 시간을 포함하면 2020년 6월말까지는 위기 단계를 유지할 필요가 있다.

2월 7일 발송된 '통찰보고서(필자가 주간 단위로 발행하는 유료 보고서)'에서 예측한 관련 내용이다. 이 보고서에서 중국과 관련해 또 한가지 주의해야 할 예측 내용을 소개했다.

코로나19 팬데믹이 6월까지 지속돼서 전세계 경제에 충격을 줄 경우, 한국 기업이나 투자자들은 미중 무역전쟁의 긴장이 다시 고조될 가능성도 대비해야 한다.

미중 무역전쟁의 긴장감이 다시 고조될 가능성을 시사하는 미래 징후를 확인했기 때문이다.

- 2020년 1월 29일, 소니 퍼듀 미 농무장관은 콘퍼런스콜에서 "신종 코로나 사태가 경제 전반에 어느 정도 영향을 미칠 것이 명백하다." (그러나) "이것이 중국의 올해 (미국산 제품) 구매 목표를 저해하지 않기를 바란다."
- 2020년 2월 6일, 스티븐 므누신 미국 재무장관은 폭스 비즈니스 방송에 출연해 "현재의 정보에 기초할 때 나는 그들(중국)이 약속을 이행하는 데 있어서 어떤 이슈가 있을 것으로 생각하지 않는다.

이 발언은 모두 중국이 1단계 무역 합의를 코로나19 사태와 관계없이 계획대로 이행하라는 간접 경고다. 1월에 서명한 양국간 1단계 합의의 핵심은 중국이 앞으로 2년 동안 제조업, 에너지, 농업, 서비스 등 4개 분야를 중심으로 (2017년 기준) 2천억달러(231조7천억원) 규모의 미국산 제품과 서비스를 추가 구매하는 것이다. 그러나 코로나19 팬데믹의 충격이 장기화해서 중국 경제가 큰 타격을 받으면, 중국 정부는 사태를 수습한 이후 2020년 6월부터는 중국 기업이 회복할 수 있도록 지원하는 정책에 집중해야 한다. 결국 미중 무역 합의를 지킬 가능성은 아주 낮아진다. 반면 트럼프는 2020년 재선에 성공하기 위해서 미중 무역전쟁에서 이겼다고 자랑할 전리품이 반드시 필요하다. 결국 트럼프 대통령이 중국을 강하게 압박하게 되고 중국이 여기에 크게 반발하면서 무역전쟁 긴장감이 재고조할 가능성이 아주 크다.

2020년 4월 현재, 코로라19 팬데믹으로 미국 경제가 끝 모를 충격에 빠지고 있다. 트럼프 대통령이 지금은 코로나19 사태 수습에 온 정신이 집중되어 있지만, 큰 고비를 넘긴 후에는 미국 경제가 입은 경제적 충격을 2020년 11월 3일 대선 전까지 얼마나 회복할지가 가장 중요한 이슈가 된다. 트럼프 대통령에게는 팜 벨트(농업지대), 러스트 벨트(쇠락한 전통 제조업 지대), 에너지 벨트와 대선 승리에 꼭 필요한 플로리다(항공산업이 핵심 중 하나이다)에서 승리하기 위해서 중국의 약속 이행이 절실하다. 만약 중국이 약속을 지키지 못하면(필자는 지키지 못할 가능성이 더 크다고 예측한다), 중국을 강하게 밀어붙이는 리더십이라도 보여야 할 판이다.

둘 중 어느 방향이든, 트럼프가 2020년 3분기 이후부터 대선 전까지 중국을 향해 강경 모드로 돌아설 가능성이 크다. 트럼프의 스타일로 미루어 볼 때 말만 강하게 하는 데서 끝나지 않을 것이다. 다시 관세 카드를 꺼내 들며 중국을 몰아붙일 가능성이 크다. 중국은 코로나19 팬데믹으로 인해 큰 사회적 혼란을 겪었고, 경제가 상당한 충격을 받은 상황이라 시진핑 정부도 미국의 공격에 순순히 물러서기가 쉽지 않다. 오히려 내부의 불만을 돌릴 외부의 적이 필요할 수도 있기 때문에 미국에 강경 모드로 맞설 가능성이 크다. 미국과 중국의 강경한 재격돌은 미국과 한국을 비롯한 전세계 주요 국가의 주식시장에 영향을 미칠 가능성이 크다.

2020년 3월,
운명의 달

    2월 이후 코로나19가 확산하며 팬데믹을 향해 나아가고 있었다. 필자는 2020년 2월 22일 홈페이지(www.cysinsight.com)를 통해 긴급하게 '코로나19 단계별 예측 시나리오'를 발표하고 실시간 모니터링 체제로 전환했다. 그리고 운명의 3월이 시작되었다.

    트럼프와 시장의 금리 인하 압력에도 기준금리 재인상 가능성마저 내비치던 연준이 2020년 3월 3일 새벽에 홈페이지에 성명을 발표하고, 파월 의장이 오전에 긴급 기자회견을 통해 기준금리를 1.00~1.25%로 0.5%p 전격 인하('first emergency rate cut') 한다고 밝혔다. 3월에 열릴 정기 연방공개시장위원회FOMC를 보름이나 당겨서 긴급회의를 개최한 것이다. 2008년 글로벌 금융위기 이후 처음 있는 일이었다.

    같은 날 오전 7시, 주요 선진 7개국(G7) 재무장관과 중앙은행들이 전 세계적인 코로나19 감염 확산으로 인한 글로벌 경제의 불확실성에 선제적으로 대처하기로 공동 합의했다. 2020년 3월 3일, 주요 선진 7개국 (G7, 미국, 일본, 영국, 프랑스, 독일, 이탈리아, 캐나다)은 신종 코로나바이러스 감염증(코로나19)에 대응하기 위해 모든 정책수단(보건 서비스 확대, 금융시스템 안정, 재정 확대 등)을 다 동원할 것이라는 공동성명을 냈다. 국제통화기금IMF과 세계은행WB도 저소득국가에 대해 긴급 대출, 정책 및 기술 지원 등 사용할 수 있는 수단을 총동원할 것을 약속했다. 연준의 기준금리 전격 인하는 이런 공동 합의에 대한 후속 조치이며, 미국을 필두로 나머지 G7 국가의 정부와 중앙은행도 후속조치를 차례로 취하기 시작했다.

당일 시장의 공포지수VIX, Volatility Index는 미중 무역전쟁의 절정기 때보다 높았다. 1995년부터 2020년초까지 공포지수의 변화 추세를 보면, 2020년 3월 2일 현재의 공포지수 43.77은 미중 무역전쟁 절정기의 31.35보다 높고, 아래 사건들이 발생했을 때보다 높거나 비슷한 수준이었다.

1997년 한국 외환위기
1998년 아시아 외환위기 절정
1998년 롱텀캐피털 파산
1998년 러시아 모라토리엄
2000~2003년, IT 버블 붕괴
2001년 911사태
2003년 이라크전쟁
2010년 그리스 IMF 구제금융 신청

2010~2011년 남미 및 남유럽 금융위기

그만큼 코로나19 사태가 글로벌 금융과 투자 시장에 주는 심리적 충격이 매우 크고 긴급한 상황에 직면했다는 뜻이다. 더불어 코로나19 사태가 오래 갈 수 있고, 그에 따른 실물경제 위축 상황이 단기간에 종식될 가능성이 낮다는 뜻이기도 한다. 트럼프의 공세나 글로벌 경기 하락에도 꿈적하지 않던 연준이 '긴급하고 전격적'으로 그리고 0.5%p나 '과감하게' 기준금리를 선제적으로 인하한 행동에는 이런 의미가 포함되어 있었던 것이다. 또 하나 미국의 기준금리와 관련해서 우리가 반드시 고려해야 할 점이 있다.

한국과 중국의 중앙은행이 기준금리 추가 인하 여지를 얻었다. 하지만 한국과 중국에서는 기준금리 추가 인하가 경제와 금융에 호재로 작용하거나 실물경제의 하방 흐름을 극적으로 반전시키는 효과를 낼 가능성이 작다.

이번 연준의 기준금리 인하는 브렉시트와 미중 무역전쟁이 가져다준 경제 충격보다 더 위험한 상황일 수 있다는 판단에 따라 '긴급하고 전격적'으로 단행한 '매우 이례적' 조치다. 그렇기 때문에 이번 인하로 주요 선진 7개국(미국, 일본, 영국, 프랑스, 독일, 이탈리아, 캐나다) 이외의 나라들은 (거꾸로) 잠재된 경제위기가 터질 확률적 가능성이 높아졌다고 해석해야 한다. 특히 중국과 한국은 코로나19로 실물경제에 직접 타격을 입는 중심 국가이다.

3월 초 연준의 이례적인 금리 인하에 대한 필자의 당시 분석이었다. 이 해석은 지금도 유효하다. 즉 투자나 사업적 의사결정을 할 때 코로나19 팬데믹의 종식이 선언된다고 해도 자산시장이나 실물경제가 곧바로 그 이전의 상승궤도로 복귀할 것이라는 단선적인 사고를 경계해야 한다.

미 연준의
다급한 행보에 숨은 뜻

2020년 3월 15일, 미 연준이 오후 5시에 긴급 연방공개시장위원회 FOMC를 개최하고 기준금리를 제로로 전격 인하했다. 3월 17~18일로 예정된 3월 FOMC를 '단 2일'도 기다리지 못하고 휴일 오후 5시에 코로나19와 오일전쟁이 가져올 위기에 선제적으로 대처하기 위해 두번째의 긴급하고 전격적인 조치를 단행했다. 3월 3일 빅컷을 단행한 지 12일만이었다.

미 연준이 오늘 긴급하고 전격적이고 아주 이례적인 조치를 한 번 더 단행한 것을 보면, 현재의 사태를 3개의 위급한 사태(전쟁, 자산 버블 붕괴로 인한 금융위기, 오일쇼크에 준하는 실물경제 위기) 중 하나로 보는 것이 거의 확실하다. 그것도 아주 긴급한 상황이라고 분석을 끝냈다는 의미다. 어쩌면 2020년 세계 경제 성장률이 1%대 혹은 최악의 경우 제로나 마이너스로까지 갈 가능성, 미국 경제성장률이 1%대 미만까지도 하락할 가능성이 있다고 내부 의견이 모아졌다는 의미다.

필자는 연준이 '만약 제로금리를 단행한다면' 3가지 조건(뜻밖의 미래 시나리오)에 해당하는 사태가 벌어지는 경우라고 규정했었다. 전쟁, 자산버블 붕괴로 인한 금융위기, 오일쇼크에 준하는 실물경제 위기다. 중국에서 발발한 코로나19 사태가 전세계로 확산되기 이전에는 미국 경제에 위 3가지 사태가 벌어질 가능성이 낮았다. 당연히 연준도 트럼프가 압력을 가해도 추가 금리 인하를 강력 거부했다. (필자는 3가지 사태가 벌어지지 않는 한 연준이 기준금리를 추가 인하할 가능성은 낮으며, 오히려 2020년 대선 이후에 기준금리 인상 시점을 저울질할 가능성에 대비해야 한다고 예측했다)

연준이 태도를 바꿔 5년만에 제로금리로 되돌아갔다. 이런 전격적인 행동이 뜻하는 바는 분명하다. 연준이 기준금리를 재인상하게 되는 미래보다 더 나쁜 미래, 더 위험한 미래 가능성이 미국과 전세계를 덮쳐오고 있다는 의미였다.

연준이 발표한 내용은 기준금리 인하만이 아니었다. 2008년 글로벌 금융위기를 수습하기 위해 내놓은 카드 중 상당수도 함께 내놓았다. 그것도 몇 배의 규모로. 그리고 중앙은행 사상 초유로 (제한 조건을 달았지만) 투기 등급의 채권을 사는 등 과거에는 상상할 수 없는 과감한(?) 행동에 나서고 있다.

연준이 다급하게 제로 금리와 각종 구제책을 발표하면서 안간힘을 다해 막으려고 했던 것은 무엇이었을까? 바로 '금융시스템 안정'이다. 연준은 평소에는 물론 위기 때에도 주가 하락은 심각하게 생각하지 않지만 '금융시스템의 불안정'에는 극도로 민감하게 반응한다. 현재 미국 금융시스템에서 가장 염려가 되는 문제의 근원은 '기업 부채' 영역에 있다. 아래는 필자의 2019년 11월 9일자 보고서 내용 중 일부이다.

이런 상황이면, 기업 부채 위기도 계속 커진다. IMF는 2019년 10월에 발표한 '금융안정보고서'와 언론 브리핑을 통해 2008년 금융위기 이후 초저금리 상황에서 급증한 기업 부채를 글로벌 금융위기의 가장 큰 뇌관으로 지적했다. IMF는 2021년에는 미국 중국 일본 유로존 등 주요 경제권 8개국의 채무불이행(디폴트) 위험이 있는 기업 부채가 19조달러(약 2경2600조원)까지 늘어날 것으로 예측하면서 "미국에서 과도한 차입을 통한 인수·합병(M&A)이 늘어나면서… 미국 기업의 차입매수LBO가 급격히 증가했고, 이는 기업 신용도 약화로 이어지고 있다"고 분석했다. IMF 분석으로는, 미국 신용시장에서 투자적격 등급 하한선인 'BBB' 기업 비중이 2008년 말 전체의 31%에서 2019년 9월 말 47%로 증가했다. (같은 기간 BBB 이상 투자적격 등급 신용시장도 2조5000억달러에서 6조9000억달러 규모로 증가했다) 미국 증시의 장기 호황과 초저금리로 기업이 돈을 시장에서 쉽게 조달한 만큼 투자부적격 등급으로 떨어질 가능성이 있는 기업의 비중도 함께 늘어난 셈이다. IMF는 세계경제 침체와 무역전쟁의 여파로 각국 주요 기업들의 이익률이 한 자릿수로 떨어진 상황에서, 2021~2022년경에 글로벌 경기침체가 발생하면 BBB 등급 기업의 이자 지불 능력이 악화되면서 연쇄적 신용위기와 파산 가능성이 커질 수 있다고 경고했다.

이런 구조적인 약점 위에서 코로나19로 인한 급속한 실물경제 침체와 사우디와 러시아의 오일전쟁으로 인한 유가 하락이 동시에 경제를 덮쳤다. 이로 인해 미국 에너지 기업을 중심으로 투자등급 하한선에 위치한 기업들이 발행한 채권의 부실화 가능성이 커지자, 연준이 전격적이고 매우 이례적인 조치를 취하게 되었다. 연준 내부에서 투자등급 하한선 부근에 있는 투기등급채권junk bond 시장의 연쇄적 디폴트로 금융 시스템 전체가 붕괴할 수 있다는 위기감이 크다는 반증이었다.

연준이 첫번째로 기준금리를 0.5%p 내리는 빅컷을 단행한 당일 다우지수 선물이 1000p 폭락하는 등 시장의 대충격이 일어난 이유도 여기에 있다. 연준의 조치 중에서 제로금리보다 더 눈여겨 보아야 할 부분은 다른 곳에 있다. 바로 은행의 지급 준비금 요구 비율을 제로로 인하한 조치다. 시중은행들에게 유동성이 악화된 기업에 앞뒤 가리지 말고 유동성을 공급해 주라는 신호를 준 것이다. 5개 중앙은행(캐나다, 영국, 일본, 스위스, EU)과의 통화스와프 금리를 0.25%p 인하하고 만기를 연장한 것 또한 이들 국가들 (특히 EU)에서도 달러 유동성 문제가 시작되었다는 신호였다.

7000억달러 규모의 채권 매수 계획 발표는 하이일드 채권뿐만 아니라 미 국채 시장의 매도 움직임을 제어하기 위한 조치였다. 예를 들어, 기준금리를 내렸지만, 위기가 거세지면서 달러 선호 현상이 빠르게 일어나자 미국 국채를 내다 팔아 현금(달러) 유동성을 마련하는 움직임이 빨라졌다. 기준금리를 인하하면 미 국채 금리 역시 하락하는 게 일반적이다. 그런데 3월 9일 미 국채 금리가 0.38%까지 하락(국채 가격 상승)했지만, 국채를 내다 파는 물량이 커지면서 이후 4일만에 장중 최고 1%

까지 치솟는(국채 가격 하락) 기현상이 일어났다. 금값도 하락했고, 비트
코인도 폭락했다. 유일하게 믿을 것은 달러 현금뿐이라는 생각이 미국
과 글로벌 시장을 강타한 결과이다. 결국 연준이 직접 개입해 미 국채
를 사면서 급한 불을 꺼야 하는 상태까지 시장의 달러 유동성이 악화
한 것이다.

연준이 당시 취한 모든 정책은 한 하나의 목표를 향하고 있었다. 바
로 달러 유동성 공급.

당시 단기간에 30% 가까운 대폭락이 일어났지만, 곧바로 반등을 기
대하는 투자 전략은 매우 위험하다고 조언한 이유가 여기에 있었다. 미
국 연준을 비롯해서 주요 중앙은행들이 단행하는 갖가지 긴급정책에
도 불구하고 주식시장이나 기타 투자시장에서 가파르고 완전한 V자
반등은 단기간에 이루어지기 어렵다고 분석했다. 지금 위기는 오일쇼
크에 준하는 실물경제 대위기의 가능성이 만들어진 상태였기 때문이
다. 아주 큰 폭의 롤러코스터식 변동성 장세가 반복될 가능성과 추가

2020년초 미국 다우지수 폭락 상황

폭락을 포함한 대조정(대폭락) 시나리오를 대비해야 한다. 앞의 그래프
는 당시 미국 주식시장의 폭락 상황을 설명한 그림이다.

2장

대세상승의
진행 법칙 4단계

future signals

드디어 첫 번째
대기회가 시작되었다

우리는 앞으로 3년 안에 주식시장에 참여해서 큰 수익을 거둘 3번의 대기회를 맞게 될 것이다.

- 미국 주식시장의 대조정 이후의 대반등
- 한국의 금융위기 이후의 반등
- 중국의 금융위기 이후의 대반등

3번의 기회 중 첫 번째 대기회가 지금 진행 중이다. 2020년 4월초 현재 미국 증시의 하락이 완전히 끝난 것이 아니다. 앞으로 한두 달 동안 급격한 시장 변동이 반복적으로 발생하는 롤러코스터 장세가 펼쳐질 것이다. 주식시장 대폭락과 함께 열리는 기회를 통해 최종적인 투자 수익을 거두기까지의 과정은 며칠, 몇 달만에 완성되지 않는다. 시장을 이기는 투자 수익은 시장 변화의 흐름을 읽는 통찰력, 잘 준비된 자기만의 투자 전략, 여기에 더해 단기적인 변동의 흐름을 버틸 수 있는 인내력을 가진 자에게만 주어지는 선물이다.

하락장이 시작되자 개인이 삼성전자를 무섭게 사고 있다. 외국인 투자자들은 3월 5일부터 23일까지 약 4조4000억원어치의 삼성전자 주식을 연속으로 순매도했다. 그러나 내용을 들여다보면 외국인의 보유 비중이 1.27%p 줄었을 뿐 외국인은 여전히 삼성전자 전체 주식의 55.24%를 보유하고 있다. 외국인 투자집단이 '팔자 행진'을 멈추지 않으면 개인들이 아무리 많이 매수해도 주가 상승은 제한적일 수밖에 없다. 언젠가는 다시 상승할 것을 뻔히 알고도 외국인들이 '바보처럼(?)' 삼성전자 주식을 매도한 이유는 글로벌 위험자산의 비중을 줄이려는 목적이 가장 컸다. 또한 당장 필요한 현금을 확보하려는 그들에게 삼성전자는 상대적으로 손해를 덜 보고 쉽게 팔 수 있는 종목이다.

코스피 시가총액에서 38%의 비중을 차지하는 외국인 투자자들이 돌아오기 전에는 하락장이 끝나지 않는다. 이것이 냉정한 현실이다. 외국인 투자자들이 다시 매수 행진에 나서려면 위험자산 선호 심리가 살아나야 한다. 금융감독원에 따르면 3월 외국인 투자자들은 한국의 주식을 13조4500억원어치 순매도했다. 이는 월간 순매도 규모로는 역대 최대이다. 이런 추세가 한 두 주 안에 반전해서 그들이 돌아오면 좋겠지만, 코로나19 사태로 세계경제가 몇 달 더 충격을 받을 것으로 예측되는 현재로서는 아주 짧은 기간 안에 외국인 투자가 다시 본격적으로 유입되기는 어렵다. 특히 4~5월까지 미국을 비롯해서 유럽과 중국 등에서 점점 더 악화된 경제지표들이 쏟아져 나올 것이 분명하다. 이 기간에 투자 심리가 얼었다 녹기를 반복할 텐데 그 과정을 잘 버텨내는 것이 투자에 성공하기 위해 넘어야 할 1차 관문이다. 단 며칠 동안 삼성전자 주식을 사서 얼마를 벌었는지는 중요하지 않다. 주식시장에서 큰 손실을 본 투자자들도 누구나 잠깐 동안 누린 달콤한(?) 수익의 기억은 가지고 있다.

2차 관문도 있다. 대폭락과 대반등이 한 쌍으로 묶여서 진행되는 기간에 주식 가격은 한 방향으로만 계속 내려가고 난 다음, 다시 방향을 틀어 다시 꾸준하게 계속 상승하는 매끄러운 V자 곡선을 그리는 일은 절대로 없다. 그래서 대폭락이 일어날 때, 기술적 반등과 추가 폭락이 롤러코스터처럼 반복되면 언제 매수해야 할지를 판단하기 어렵다. 더 이상 떨어질 데가 없을 것 같아 매수했는데 더 떨어져 불안해질 수 있다. 반대로 더 떨어지면 매수하려고 관망하고 있었는데 예상과 달리 크게 상승해서 매수하지 못하는 일도 얼마든지 생길 수 있다.

대반등장 역시 주가는 급격한 시장 변동을 보이면서 상승한다. 그래서 대폭락장에서 적당한 저점에서 주식을 매수하는 데 성공했더라도, 언제 팔아야 할지를 모르면 투자에 성공할 수 없다. 개인 투자자들이 흔히 하는 실수 중 하나는 대상승장에서 큰 수익이 나는 구간에 진입하기도 전에 성급하게 파는 것이다. 그래서 기관이나 외국인 투자자들이 개인보다 늦게 주식을 매입해도 최종 수익률은 개인보다 더 나은 결과를 얻는다. 이런 전형적인 실수를 쉽게 풀어 보면 이렇다. 대폭락장에서 개인들은 외국인과 기관이 파는 주식을 모두 받아주어 그들이 매도 손실을 줄이게 도와준다. (만약 개미들이 좀더 인내했다면 외국인이나 기관들은 더 낮은 가격에 주식을 매도했을 것이다) 위기가 끝나고 대상승장이 되면, 거꾸로 개인 투자자들은 약간의 수익에 만족해 주식을 던지고 기관과 외국인들이 그 물량을 사서 큰 수익이 날 때까지 들고 간다. "아차!" 싶은 개인들은 고점 부근에서 다시 외국인들이 수익 실현을 위해 던지는 주식을 다시 매수한다.

이런 일이 반복되는 이유는 정보와 지식의 격차 때문이다. 내부자 정보처럼 은밀한 불법 정보를 말하는 것이 아니다. 시장에서 나오는 신호를 정확히 이해하는 정보 수집 능력과 투자시장의 생리, 거시 금융 및 경제의 변화에 대한 충분한 공부와 연구를 통해서 얻을 수 있는 기본 지식을 말한다. 정보가 부족한 개인투자자에게는 적당한 시점에 사는 것도 어렵지만, 적당한 시점에 파는 것이 더 어렵다. 이제는 오를 때가 되었다고 생각했는데 반대로 추가 폭락하면 공포에 팔기 쉽고, 오를 만큼 올랐다고 생각해서 팔았는데 더 높이 상승할 수도 있다. 주식시장은 기회가 주어진다고 누구나 쉽게 수익을 낼 수 있는 안전한 놀이터가 아니다.

이미 100배 수익을 올린
투자자도 있다

2015년 헤지펀드 매니저로 월가에 발을 들인, 행동주의 투자자인 퍼
싱스퀘어캐피털 빌 애크만Bill Ackman 회장은 2020년 2월 미국 주식시
장 대폭락 직전에 2700만 달러를 글로벌 투자등급과 고수익 채권 지수
에 대한 신용부도스와프CDS에 투자했다. CDS는 부도가 나서 채권이
나 대출 원리금을 회수하지 못할 경우를 대비하는 보험과 비슷한 신용
파생상품이다. 채무자가 자금 조달을 쉽게 할 수 있게 해주는 도구이
지만, 만약 채무자가 부도를 내면 수수료(보험료)를 받으며 보증인 역할
을 했던 금융회사는 대규모 손실을 본다. 애크만 회장의 투자 타이밍
이 중국에서 코로나19 사태가 점점 커지면서 신용등급 하락 위기가 커
져갈 때였다는 점이 중요하다. 한 달 후 미 연준이 역사상 최대 규모의
긴급 구제 방안을 발표했고, 애크만 회장은 2020년 3월 23일 투자금의
100배인 26억달러(약 3조1800억원)의 수익을 챙기고 시장을 빠져나갔다.

그는 곧바로 스타벅스, 힐튼, 헬스케어업체인 애질런트 테크놀로지스와 워런 버핏의 버크셔헤서웨이 주식 등에 25억달러를 투자했다. 빌 애크만은 곧 시작될 대상승장에 수익을 낼 수 있도록 투자 포트폴리오를 조정한 것이다. 그는 언론과의 인터뷰에서 '아주 오랫동안 인내할 마음으로' 미국 경제가 망하지 않고 반드시 크게 회복할 것이라는 단순하지만 분명한 사실에 베팅했다고 밝혔다.

2020년 3월말 현재 한국을 비롯해서 미국과 전세계 주식시장의 대폭락장을 예측하고 하락에 베팅한 인버스펀드들도 한달 평균 수익률이 48%이고, 최대 87%를 기록한 펀드도 있다. (필자가 2019년 연말과 2020년 연초에 예측했던 미국 주식시장 대조정(대폭락) 가능성을 믿고 투자 전략을 수립했던 사람들 중에도 이미 큰 수익을 얻은 이들이 나왔다)

시장보다 한 발 앞서기 위해서 꼭 요술 램프의 지니가 있어야만 하는 것은 아니다. 가장 중요한 것은 정확한 '판단'을 돕는 정보와 지식이다. 정확한 판단을 실행으로 옮길 용기는 그 다음에 필요한 요소이다.

이미 타이밍이 늦은 것은 아닌가?
좋은 주식을 낮은 가격에 사기는 했지만 그 다음에 어떻게 할까?

이제부터라도 대폭락과 이어질 상승을 해석하는 신호와 패턴, 그리고 투자의 원칙을 공부하면 시장을 이기는 투자 수익을 올릴 기회를 잡을 수 있다. 이번 기회만이 아니다. 몇 년 안에 우리 앞에 펼쳐질 두 번의 인생을 바꿀 투자 기회가 더 남아 있다.

미국과 한국 주식시장 대폭락 후, 어디까지 상승할까?

2020년에 시작된 주식시장의 새로운 흐름에서 개인투자자들의 최종 성적표는 얼마에 샀느냐보다 언제 얼마에 팔았느냐에 의해 결정될 것이다.

먼저 투자 전략의 큰 틀을 잡기 위한 가설에서 시작해보자. 미국과 한국 주식시장이 대폭락 후에 어디까지 상승할지에 대해 단순한 틀로 살펴보자. (더 구체적인 분석과 예측은 뒤에서 차근차근 설명한다) 다음 그림은 2008년 부동산 버블 붕괴로 주식시장이 대폭락(50% 하락)한 후, 어떻게 그리고 얼마나 상승했는지를 보여주는 그래프다.

11년 동안 약 4배 상승

그래프에서 보듯이, 미국 다우지수는 2009년 2월 2일 기준 7063포인트의 최저점을 기록한 뒤 30000만 포인트 직전까지 상승했다.

다음 페이지 그림은 S&P 500지수의 일일 변동폭을 3배수로 추종하는(S&P500 지수가 1% 오르면 3% 수익, 반대로 1% 떨어지면 3% 손실이 발생한다) ETF(상장지수펀드)의 가격 그래프이다. ETF란 펀드를 증권거래소에 상장해서 개별 주식처럼 거래할 수 있도록 만든 투자 상품이다.

11년 동안 60배 상승

2009년 3월 1일 최저점 1.26달러에서 75달러까지 11년에 걸쳐 약 60배 상승했다. 대폭락장에서 1천만원을 투자했다면 최대 6억원을 최종 수익으로 올릴 수 있는 수익률이다. (물론 정확히 저점과 고점을 예측하는 것은 불가능하므로 60배는 이론적으로 가능한 최대 수익이지만, 대체적인 추

2009년 이후, 미국 다우지수의 상승

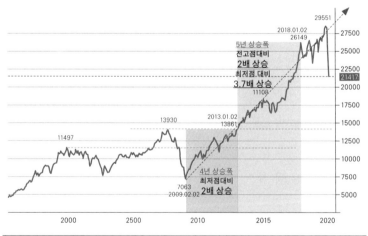

출처: TRADINGECONOMICS.COM

세 변화를 읽고 투자했다면 그 반 정도인 30배의 수익을 올리는 것은 어렵지 않았을 것이다) 11년이 너무 길게 느껴질 수 있으니 구간을 쪼개서 살펴보자.

약 13개월(2009년 3월 1일 ~ 2010년 4월 18일): 4.5배 상승(최저점 대비)

약 25개월(2009년 3월 1일 ~ 2011년 4월 24일): 6배 상승

약 5년(2009년 3월 1일 ~ 2013년 5월 12일): 9.3배 상승

약 11년(2009년 3월 1일 ~ 2020년 2월 19일): 60배 상승

다음 페이지의 그래프는 금융 섹터의 일일 변동폭을 3배수로 추종하는 ETF 상품의 가격 변화를 보여준다. 이 상품 역시 2009년 3월 1일 최저점 1.8달러에서 11년 후 약 107달러까지 60배 정도 상승했다.

지금 이들 상품에 투자하라는 것이 아니다. 개인마다 강점을 가질 수

2009년 이후, 미국 S&P500의 상승에 투자한 ETF(x3)

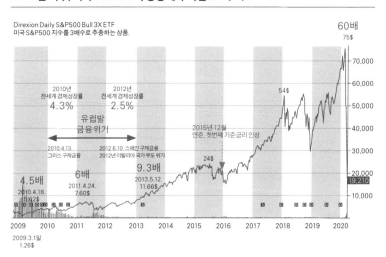

Direxion Daily S&P500 Bull 3X ETF
미국 S&P500 지수를 3배수로 추종하는 상품.

출처: Yahoo Finance

있는 정보와 지식의 분야가 다르기 때문에 투자 전략도 개인마다 다를 수 있다. 이들 그래프를 보여주는 이유는 승리하는 투자에 필요한 중요한 교훈을 얻자는 것이다. 앞으로 투자에 성공하기 위해 이 그래프들을 통해 배워야 할 교훈은 3가지이다.

- 위기 뒤에는 시간이 얼마나 걸릴지 정확히 알 수는 없지만 반드시 반등한다.
- 반등하면 반드시 전고점을 돌파하고 신고점을 기록하며 상승한다. 이 교훈을 미래에도 적용하는 데 필요한 단 하나의 조건은 미국이 몰락하지 않는다는 것뿐이다.
- 반등의 단계마다 하락 조정의 마디를 거치며, 그 마디를 지날 때마다 상승의 기울기가 가팔라진다.

2009년 이후, 미국 금융 부문의 상승에 투자한 ETF(×3)

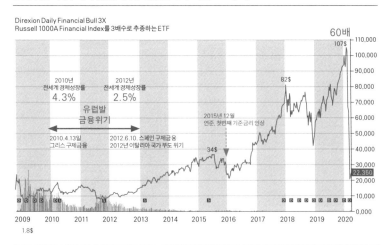

출처: Yahoo Finance

이제 미국 주식시장이 대폭락한 후, 어디까지 상승할 것인지를 예측하는 대략적인 시나리오를 세워보자. 두 가지 그림을 그려보았다. 하나는 1988년을 기준점으로 한 추세 추정치 A다. 박스 표시를 한 구간은 2020~2025년까지의 시기이다.

다른 하나는 1994년을 기준점으로 한 추세 추정치 B다. 지금은 가설을 세우기 위한 추정치이므로 정확하지 않아도 된다. 두 가지 추정치는 단순히 생각을 시작하기 위한 출발점일 뿐이다. 다양한 분석과 예측을 통해 추정치를 최적화해 나가면 좀더 정교한 결론에 도달할 수 있다.

두 가지 추세 추정치 가설을 가지고 본다면, 앞으로 3~5년 동안 미국 다우지수의 상승 목표치에 대해 3가지 시나리오를 도출할 수 있다. 다우지수의 전고점은 종가기준으로 2020년 2월 12일의 고가인

미국 주식시장 대폭락 후, 어디까지 상승할까? - 추세추정치 A

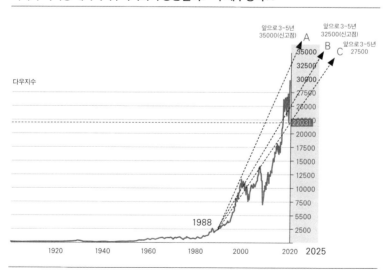

29,568.57이다.

시나리오 1. 35,000선 (강한 상승장 - 신고점)

시나리오 2. 30,000~32,500선 (전고점 부근 도달)

시나리오 3. 25,000~27,500 선 (약한 상승장 - 전고점 미만)

같은 방법으로 한국 주식시장이 대폭락 이후 앞으로 3~5년 동안 어디까지 상승할지 그 추세를 추정해보자. 비슷한 방법으로 2개의 기준점을 가지고 추세 추정선을 만들었다. 1986년과 2010년을 각각 기준점으로 삼았다. 5개의 추세선을 임의로 만들었고, 이것을 가지고 한국 주식시장에 대해서도 3개의 시나리오를 도출했다. 코스피지수의 전고점

미국 주식시장 대폭락 후, 어디까지 상승할까? - 추세추정치 B

은 2020년 01월 20일 기록한 2,277.23이다.

시나리오 1. 3,100~3,250 선 (강한 상승장 - 신고점)

시나리오 2. 2,600~2,750 선 (전고점 부근 도달)

시나리오 3. 2000선 부근에서 박스권 유지 (약한 상승장 - 전고점 미만)

　다시 말하지만 생각을 시작하기 위한 출발점이므로 수치가 그리 정확하지 않아도 된다. 이렇게 도출한 미국과 한국의 각각 3가지 시나리오를 가지고 다양한 분석과 예측을 통해 추정치를 최적화해 나가는 과정을 시작해보자.

한국 주식시장 대폭락 후, 어디까지 상승할까?

대세상승장은
4단계로 진행된다

    미국 주식시장의 지난 100년 역사에서 기록된 6번의 대세상승장을 분석해보면 대폭락 후 이어지는 대세상승장은 총 4단계로 진행되는 패턴을 가짐을 확인할 수 있다. 진행 시간과 상승폭의 차이는 있지만, 4단계로 진행되는 과정은 거의 비슷한 패턴을 보였다. 다음은 필자가 2008년 미국 금융위기 이후 전개된 대세상승장을 예로 들어 4 단계를 구분해 놓은 그림이다.

    1단계는 '1차 반등기'로 최저점에서 첫번째로 반등하는 구간이다. 이 단계는 대폭락을 불러온 근본적 원인에 대한 근본적 해법이 나오고 시장을 압도하던 두려움이 극적으로 해소됨으로써 빠르게 V자 반등을 하는 시기다. 4단계 중에서 1단계가 반등 속도가 가장 빠르다. 대폭락장에서 최저점에 도달하기를 기다렸다가 밑바닥에서 산다는 전략을 적용할 수 없는 이유는 1단계 반등의 속도가 매우 빠르기 때문이다. 밑바닥이라고 깨닫는 순간, 빠른 속도의 반등이 시작되어서 최저점 매수는 거의 불가능하다.

1단계를 다시 반등 속도에 따라 3구간으로 나눌 수 있다. 1구간은 바닥을 확인하는 순간부터 1~2일 동안 순식간에 치고 올라가는 구간이다. 2구간은 대세상승장의 시작인지 아니면 기술적 반등 즉, 일명 '데드 캣 바운스dead cat bounce(죽은 고양이도 높은 곳에서 떨어지면 일시적으로 튀

2008년 미국 금융위기 이후, 대세 상승장 진행 패턴

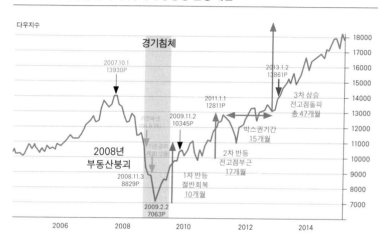

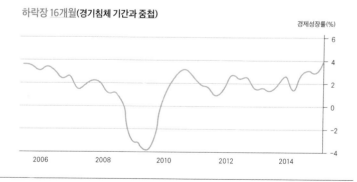

어 오른다는 표현에서 유래한 용어로 폭락하는 주식이 아주 잠깐 상승하는 국면을 비유적으로 표현한 말. 이는 하락장으로 이어진다) 인지를 두고 의견이 분분하여 확실한 판단을 하기 어렵다. 이 구간에서는 매수와 매도가 팽팽한 공방을 벌이면서 주가가 서서히 상승한다. 기관이 보유한 펀드의 투자자산 리밸런싱 수요도 이 기간부터 집중되면서 주가의 추가 상승을 견인하기 시작한다.

리밸런싱

리밸런싱은 투자 포트폴리오의 자산 재조정을 의미한다. 예를 들어 주식과 채권의 비율을 50:50으로 투자하기로 정하고 각각 투자금의 절반씩을 매수하였다. 그런데 주가가 하락하고 채권 가격이 올라(금리 하락) 주식이 40이 되고 채권은 60이 되었다. 그러면 채권 10을 팔고, 그 돈으로 주식을 10만큼 사서 다시 주식과 채권의 비율을 50:50으로 맞춘다. 이를 리밸런싱이라고 한다. 그후 일정한 시간이 지나 주가가 다시 회복해서 주식이 60 채권이 40이 되면 주식을 10만큼 팔고 그만큼의 채권을 사서 다시 50:50의 비율을 맞춘다. 참고로 이 원리를 적용하면 뉴스에 휘둘리지 않고 투자할 수 있다. "아무도 사려고 하지 않을 때 사고 아무도 팔려고 하지 않을 때 팔라"는 투자 격언이 있는데 리밸런싱을 통해 이를 효과적으로 실행할 수 있는 것이다. 위의 예시를 보면 오르는 것(채권)을 팔고 떨어지는 것(주식)을 사게 되는데 이것이 바로 자동적으로 유행을 거슬러 투자하는 행위가 되기 때문이다.

고정된 배분 비중에 맞추는 경우 외에도 시장 상황이나 투자 국면에 따라 비중 자체를 바꿀 수도 있다. 예를 들어 서로 다른 금융상품으로 분산해서 포트폴리오를 구성했는데, 구성 자산의 위험이나 기회에 변동이 발생하는 경우 일정 기간마다 주기적으로 상품들의 비율을 재조정하는 방법이다. 예를 들어 처음에 주식과 채권 비율을 5:5로 설정해 놓은 포트폴리오가 있다고 가정하자. 이번 대폭락장처럼 주식 가격은 급락하고 안전 자산인 채권 가격이 오르면, 포트폴리오는 수익을 방어하기 위해 주식과 채권의 비율을 3:7로 조정하며 변동성에 대응한다. 그후, 일정한 시간이 지나 주식 가격이 일부 회복되면 채권을 팔고 주식을 매수해서 둘 간의 비율을 5:5로 재조정한다. 이런 전략을 반복적으로 구사하면 주식 가격이 오르거나 내리더라도 손해는 줄이고 이익은 늘릴 수 있다. 월가에서는 오랜 경험을 통해 주식형 자산과 채권형 자산을 6:4로 초기 설정하는 것을 최적의 분산이라고 생각한다.

대폭락장에서 주식을 대량 매도하고 채권을 대량 매수하는 방식으로 포트폴리오 리밸런싱을 했던 펀드들이 1단계 반등기의 2구간이 오면 다시 채권을 팔고 주식을 매수하여 포트폴리오 자산 분배 비율을 조정한다. 펀드의 리밸런싱은 인공지능이 순식간에 진행한다. 비슷한 시기에 정해진 물량만큼 자동재배분이 진행되기 때문에 어떤 특정한 순간에는 반등 속도가 가파르게 올라간다.

　예를 들어 2020년 3월 24일은 하루 상승률에서 87년만에 신기록 (11.3%)을 세운 날이었다. 이날 오후 3시50분부터 5분간 주요 지수가 2% 이상 급상승하는 특이한 현상이 발생했다. 월가 관계자는 5분간의 급상승은 '알고리즘에 의한 숏커버링과 월말 리밸런싱(자산재조정) 수요가 몰려' 나타난 현상으로 추정한다. 그 전의 몇 주 동안, 국채 가격은 급등하고 주식 가격은 대폭락해서 각종 펀드의 포트폴리오에서 국채 비중은 높아지고 주식 비중은 크게 감소해서 포트폴리오의 균형(밸런스)이 무너졌을 가능성이 크다. 그런 상태에서 월말을 맞아 국채를 팔고 주식을 재편입해서 목표 수익률을 달성하는 자산재조정(리밸런싱) 수요가 높아진 것을 원인으로 지목한 것이다. 골드만삭스 분석에 따르면, 당시(3월말) 미국 연기금의 주식 리밸런싱 수요만 2140억달러 규모였다. 앞으로도 몇 달 동안 주식시장에서 최대 8000~9000억달러의 리밸런싱 수요가 있을 것으로 추정된다. 이런 포트폴리오 리밸런싱 대기 수요는 대반등장의 1단계 구간에서 대부분 해소된다.

숏 커버링

　숏 커버링은 주가가 하락할 것으로 판단하고 빌려서 팔았던 주식을 되갚기 위해 다시 주식을 사는 환매수를 말한다. 예를 들어 지금 1만원인 A주식이 떨어질 것으로 예상된다. 그러면 기관 등으로부터 주식 100주를 빌려서 1만원에 판다. 이를 공매도short selling라고 한다. 그후 A 주식이 8000원으로 떨어지면, 8000원에 100주를 사서 빌린 주식을 갚는다. 이를 환매수short covering라고 한다. (계산 편의상 주식을 빌리는 데 따른 수수료 등의 거래 비용을 고려하지 않으면) 이 거래를 통해 20만원의 수익을 거둘 수 있다.

1단계의 3구간은 대부분의 사람들이 확실한 대세상승의 시작임을 깨닫고 추격 매수에 뛰어들면서 상승하는 기간이다.

1단계 반등 사이클 안에서도 작은 상승과 하락의 변동이 계속 일어난다. 그래서 공부하지 않고, 준비하지 않은 개인 투자자들은 보통 1단계 반등기에 매수한 주식이 10~20% 정도 오른 가격에만 도달해도 바로 판다. 그 전까지 잦은 상승과 하락이 반복하는 롤러코스터 장세에 시달린 경험 때문이다. 그래서 대세상승장에서도 개인은 큰 수익을 올리지 못한다.

1단계에서 반등을 이끄는 힘은 공포감 해소와 대세상승장의 시작이라는 기대심리에서 나온다. 1단계 반등기는 평균적으로 대폭락 분의 절반 정도를 회복하는 수준에서 끝난다.

대세상승장 2단계까지
버틸 수 있어야 한다

큰 수익을 거두려면 1차 반등기를 넘어 최소한 2차 반등기까지는 버텨야 한다. 그렇지 못하면 주식시장 대붕괴를 온몸으로 견디고, 공포에 맞서는 혈투를 벌이고도 정작 인생 최고의 수익 기회는 기관과 외국인들에게 넘기게 된다. 투자의 성공은 대폭락장에서 얼마에 샀느냐보다 대세상승장에서 언제 얼마에 팔았느냐에 달렸다고 강조하는 이유다.

많은 사람들이 대폭락장에서 얼마에 샀는지를 두고 일희일비한다. 너무 일찍 산 것은 아닌가 걱정하고, 너무 기다리다가 매수 기회를 놓쳤다며 후회한다. 모두 쓸데없는 걱정이다. 대폭락 뒤에 대상승이 이루어지는 기간에는 남들보다 비싼 가격에 사도 크게 문제될 게 없다. 앞으로 상승할 규모가 훨씬 중요하기 때문이다.

최근 10년여 기간으로 좁혀서 아마존 주가를 보면 2008년 금융위기 직후인 11월에 34.68달러로 저점을 기록한 후 2020년 4월 13일 현재

2,180달러까지 상승했다. 물론 천운을 만나 최저점에서 아마존 주식을 100만원어치 매수해서 지금까지 보유하고 있었다면 약 6200만원이 되었을 것이다. 조금 타이밍이 늦어서 (혹은 빨라서) 40달러(바닥에서 15% 상승)에 매수했다면 당시의 100만원이 지금 약 5400만원이 되어 있을 것이다. 더 늦어서 45달러(바닥에서 30% 상승)에 매수했더라도 100만원을 약 4800만원으로 늘릴 수 있었다. (2008년 12월에도 아마존 주가는 38달러대에 매수할 기회를 주었다)

스스로에게 질문해보자. "장기로 크게 성장할 기업이나 투자 자산을 찾았는데 바닥에서 30% 올랐다. 과연 나는 살 수 있을까?"

어디가 바닥인지를 맞추려고 하지 말라. 아무도 모른다.
"바닥에 초점을 두고 매수매도 전략을 세우지 말라. 바닥이 아니라, 어디까지 상승할 것인가에 대해 연구하고 그것에 맞춰 전략을 수립하라. 그러면 오히려 언제 사야할지에 대한 고민도 자연스럽게 해소된다.

대세상승장 2단계는 심리적 불안이 해소되면서 전개되는 1차 반등 이후부터 전고점 부근까지 2차 반등하는 구간이다. 1차 반등의 에너지가 심리적 공포 해소에서 나온다면 2차 반등의 에너지는 기업의 펀더멘털에서 나온다. 그렇기 때문에 2차 반등기부터는 한국과 중국, 미국, 유럽 주식시장의 주가 흐름이 달라질 수 있다. 1차 반등은 심리적 요인이 핵심이기 때문에 대부분의 나라가 비슷한 양상을 띤다. 인간의 투자 심리가 미국이나 한국이나 유럽이나 기본적으로 비슷하기 때문이다. 2차 반등기부터는 각국의 펀더멘털, 각 주식시장 대장주들의 상대적 글로벌 경쟁력 회복 정도, 매출과 이익의 흐름과 회복 속도에 따라 다른 양상을 보이게 된다. 어떤 나라는 더 빨리, 어떤 나라는 더 늦게, 최악의 경우 어떤 나라는 매우 긴 시간이 지나서야 2차 반등에 성공할 수 있다. 2차 반등의 상승 크기도 당연히 달라질 수 있다. 그래서 투자에 성공하려면 2차 반등기에 들어설 때 국가와 기업의 펀더멘털과 회복 속도를 비교하면서 투자 전략을 짜야 한다.

대세상승기에도
쉬어 가는 구간이 있다

대세상승기에도 잠시, 때로는 길게 쉬어 가는 구간이 있다. 이 쉬어 가는 구간이 3단계로 일명 '박스권' 구간이다. 3단계는 전고점 부근에서 매수 매도 세력이 치열한 공방을 주고받는 구간이다. 그 시간은 2단계가 지속된 시간만큼, 때로는 1~2단계를 모두 합한 시간만큼 될 수 있다. 3단계의 시간을 결정하는 핵심 요소는 세계경제의 분위기다. 만약 대세상승기에 글로벌 경제가 빠르게 회복된다면 3단계의 박스권 기간도 짧겠지만, 그렇지 않다면 아주 지루하고 긴 시간이 될 수도 있다.

예를 들어 이 기간에 필자가 예측하는 중국의 금융위기가 발생한다면 3단계는 아주 길어질 수 있다. 최악의 경우 중국의 금융위기라는 충격으로 1~2단계의 상승폭을 전부 반납하고 바닥에서 다시 시작할 수도 있다. 두려워 보이는가? 코로나19로 인한 대폭락이 주는 기회를 생각해보라. 미리 준비하고 꾸준히 모니터링해 나간다면 위기에서 얼마든지 새로운 투자 기회를 포착할 수 있으니 나쁜 시나리오만은 아니다.

　대세상승 사이클의 대미를 장식할 마지막 4단계는 전고점을 힘차게 돌파하고 역사적 신고가를 향해 돌진하는 3차 상승 구간이다. 진짜 큰 수익은 4단계에서 난다. 2008년 금융위기를 겪은 미국은 다우지수가 대폭락 전의 최고점인 13,930포인트를 넘어 30,000직전까지 상승했다. 미국의 지난 100년간 금융 역사에서 나타난 6번의 대세상승기를 분석해보면 대세상승기의 4번째 단계(3차 상승기)의 상승폭이 가장 컸다. 6번의 대세상승기에 전고점 대비 최소 2배에서 최대 4배 이상 상승했다.

　상승 패턴을 분석할 때 고려할 변수가 하나 더 있다. 대폭락은 경기침체recession를 동반하는데, 대폭락과 경기침체가 조합되는 패턴에는 2가지가 있다. 하나는 두 가지가 겹쳐서 나타날 경우이고, 다른 하나는 분리되어 나타나는 경우이다. 대폭락과 경기침체가 겹쳐서 나타나는 경우는 대폭락을 포함한 약세장이 16~33개월 정도 진행되었다. 대폭락과 경기침체가 중첩되었을 때 전고점을 회복하기까지 걸린 시간은 42~47개월 정도였다.

　만약 대폭락이 경기침체와 분리되어 나타나면 대폭락을 포함한 약세장은 3개월 정도 진행되었다. 전고점 회복 시간도 24개월로 짧았다. 이 경우 대폭락이 일어난 다음 전고점 부근까지 1, 2차 반등기를 거친다. 그리고 2차 반등기 다음에 경기침체가 발생하고, 그에 따라 주식시장이 다시 하락하는 패턴으로 진행되었기 때문에 약세장 지속기간도 짧고 전고점 회복 기간도 짧다. 앞으로 전개될 대세상승장에서 2단계 무렵에 중국의 금융위기와 같은 큰 사건이 발생해서 전세계 경제에 다시 충격을 주면 1, 2차 반등기의 상승분을 모두 반납하고 다시 바닥에서 시작하는 일이 벌어질 수 있는 시나리오가 바로 대폭락과 경기침체가 분리되는 경우에 해당한다.

그러나 이번 대세상승장은 지난 100년간 나타났던 대폭락장, 대세상 승장의 패턴과 다른 점이 몇 가지 있다. 가장 큰 차이점은 코로나19 팬데믹과 그에 따른 전세계 경제의 전면적인 마비 상황이다. 또 하나의 차이점은 역사상 가장 큰 규모의 부채가 누적되어 있다는 점과 그 위에서 역사상 가장 많은 돈을 푸는(그래서 결국 미래의 부채 위기를 더욱 가중시키는) 전략으로 위기를 탈출하고 있다는 점이다.

겉보기에 대폭락과 코로나19로 인한 경기침체가 중첩해서 발생하는 패턴이다. 과거의 경험을 보면 이 패턴에서는 약세장이 16~33개월 지속되고, 전고점 회복에도 42~47개월이나 걸렸다. 그러나 과거와 달리 경기침체에서 탈출하기 위해 막대한 부채를 일으켜서 돈의 힘으로 위기를 탈출하려는 전 지구적 시도가 전개되고 있음을 같이 고려해야 한다. 워낙 강력하게 돈을 풀기 때문에 분명 효과를 발휘할 가능성이 크다. 사상 초유의 대규모 돈 풀기가 효과를 발휘하면 이번에는 대폭락과 경기침체기 분리되어 발생할 때와 비슷한 경로를 따라 상황이 전개될 가능성이 더 크다.

그러나 돈을 풀어 위기에서 탈출한 경제는 풀린 돈이 만들어낼 또 다른 늪에 빠질 가능성이 크다. 필자가 예측하는 가장 확률적으로 가능성이 큰 늪은 중국의 금융위기와 장기 저성장이다. 중국은 부채를 축소하지 않은 상태에서 국가가 막대한 양의 돈을 풀어 다시 위기를 넘어가려고 할 가능성이 크다. 그 결과로 중국에서 금융위기가 일어나면 한 번 더 대폭락이 일어난 뒤에 다시 대세상승의 1단계에서 새로 시작하게 될 것이다. 장기 저상장에 빠진다면 대세상승의 2단계(2차 반등기)부터 3단계(박스권) 사이의 기간이 매우 길어질 것이다.

3장

기회를 발견하는
투자 시나리오

future signals

이기는 투자자는 뉴스가 아니라
미래 신호를 읽는다

미래 예측의 기본은 사실fact에서 시작한다. 물론 뉴스도 사실에서 출발한다. 그러나 미래 연구자가 사실에 주목하는 이유는 기자와는 다르다. 당연히 시나리오를 구축해나가는 각 단계마다 사실을 확인하고 이를 기반으로 전개해야 탄탄한 예측 시나리오를 완성할 수 있다. 그러나 더 중요한 이유가 있다. 바로 사실 속에서 '미래 신호future signal'를 찾는 것이다. 투자에서 이기기 위해서는 뉴스를 좇지 말고 신호를 좇아야 한다. 정보통신 기술의 발달과 세계화로 인해 스마트폰만 열면 전 지구에서 일어나는 모든 일을 거의 실시간으로 알 수 있는 시대가 열렸다. 한때 사람들은 새로운 시대가 왔다며 환호했다. 하지만 얼마 지나지 않아서 새로운 큰 문제가 생겼음을 알게 되었다. 새로 고침을 할 때마다 기사들이 바뀔 정도로 빨라진 정보의 전달 속도와 엄청난 양 때문에 무엇이 사실인지 찾아내기가 더 힘들게 되었다. 자칫 소음과 신호가 뒤섞인 거대한 규모의 빅데이터에 짓눌릴 위험이 생겼다. 우리의 눈을 가리는 엄청난 소음 속에서 어떻게 진짜 신호를 찾을 수 있을까?

'읽는 기계'는 미래학자들의 공통된 별명이다. 필자 역시 매일 수십 종의 국내외 신문을 읽는다. 매일 약 3~4시간 정도를 투자해야 하는 엄청난 노동이다. 그 외에도 매일 읽어야 할 정보, 지식 등이 산처럼 쌓인다. 미래학자가 이렇게 많이 읽는 이유는 그 속에서 미래 변화의 신호를 찾기 위해서다. 시나리오를 작성하는 이유 역시 신호를 찾기 위해서다. 신호를 포착하려면 많이 읽어야 하고, 세상과 사물의 이치를 공부해야 하고, 시나리오라는 인위적으로 만든 안경을 쓰고 봐야 한다.

미래는 갑자기 오지 않는다. 미래는 반드시 '미래 신호'를 먼저 주면서 온다.

신호 찾기에 목을 매는 이유가 여기에 있다. 늘 강조하지만 미래학자는 미래를 한 치의 오차도 없이 정확하게 맞추는 특별한 능력을 가진 사람이 아니다. 미래학자는 엄청난 독서량과 다양한 사고 기술을 이용해 미래가 우리에게 보내는 변화 신호를 남들보다 빨리 찾는 사람이다. 남들보다 많이 읽고, 많이 생각하기 때문이다. 신호를 남들보다 빨리 찾아서 그것을 가지고 남들보다 먼저 다양한 미래 가능성을 생각해보고, 남들보다 먼저 시나리오를 짜서 사고실험을 해보고, 그것을 바탕으로 다시 미래 신호를 더 잘 찾을 수 있는 추론을 전개한다.

이런 방식은 투자 세계에서도 놀라운 힘을 발휘한다. 투자 시장의 미래는 예측이 가장 어려운 분야이지만, 단계마다 변화를 일으키는 신호를 잘 발견할 수는 있다. 그 신호가 끌고 오는 미래의 어떤 사건이 투자 시장에서 정확히 언제 현실로 나타날지 그 정확한 날짜까지는 알 수 없다. 그러나 남들보다 더 일찍, 변화가 표면으로 드러나기 전에 미리 신호를 알아채는 것만으로 충분하다. (필자는 지금 벌어지고 있는 미국과 한국을 비롯한 전세계 주식시장의 대조정 가능성을 발견하고, 지난 2년 동안 미리 대비해서 큰 수익의 기회를 잡을 수 있도록 조언해왔다. 그리고 계속 신호를 추적해오다가 2019년말부터 다시 한번 대폭락이 임박했음을 경고했다. 그 정도로도 투자 기회를 잡기에는 충분하다)

신호는 칠흑같이 어두운 밤에 반짝이는 한줄기 빛과 같다. 사방을 구분하기 힘든 캄캄한 산속이나 사막에서 정확한 길을 찾을 수 있게 우리를 안내해주는 별자리 같은 존재다. 시장을 이기는 수익률을 기록하고 싶으면 뉴스를 좇지 말라. 뉴스 속에는 사실이 있고 신호도 있지만, 그보다 훨씬 더 많은 소음과 가짜가 있다. 대부분의 뉴스는 현상을 보도하기 때문에 공포나 환상의 극단적 감정도 함께 쏟아낸다. 그렇기 때문에 뉴스를 좇으면 감정에 흔들리고 판단이 흐려진다. 인생 수익을 올리는 데 필요한 정보는 신호에서 나온다.

"그 때 사야 했는데…"
"그 때 팔았어야 했는데… 너무 빨리 팔았어!"

투자에 관심을 가진 사람이라면 누구나 겪어봤을 아쉬움이다. 속도가 중요하다. 신호를 포착하는 속도, 남들보다 더 나은 해석 능력이 시장을 이기는 힘의 근원이다. 속도와 해석 능력을 갖는 것은 어려운 일이 아니지만 귀찮고 복잡한 일이다. 남들보다 먼저 해야 하니 귀찮은 일이고, 남들보다 조금 더 생각해야 하니 복잡한 일이다. 남보다 먼저 생각하고, 먼저 시나리오를 짜고, 먼저 신호를 포착하는 수고를 들이면 그만큼 돌아오는 결과가 크다.

시장보다 빠르게 움직일 수 있는 힘은 신호와 통찰에서 나온다. 전문 미래학자가 아닌 보통 사람도 조금 귀찮고 복잡한 일에 수고를 들이면 투자 시장이 반응하기 전에 먼저 신호를 읽고 반박자 빠르게 움직일 수 있다. 그것만으로도 꽤 괜찮은 수익을 얻을 수 있다. 대부분의 사람들이 눈앞에 실물경제의 변화가 나타나야, 혹은 세상 떠들썩한 이슈로 문제가 불거진 다음에야 비로소 인식하기 때문이다.

신호를 좇은 결과

필자는 통찰보고서를 통해 투자에 관해서도 조언한다. 필자는 2018년말 국제유가가 계속 하락할 때 2019년 전망 및 투자 세미나 등에서 유가 재상승에 대비하는 투자 전략을 세우라고 조언했다. 그 이후 국제유가는 배럴 당 60달러대 후반(WTI 기준)까지 상승했다.

유가가 55~60달러 박스권을 유지하고 있을 무렵인 2019년 8월 15일 보고서에서는 중기적으로 유가 하락에 대비하는 투자 전략을 짜라고 조언했다. 그 후 국제유가는 10% 정도 상승하다가 2020년

1월에 들어서면서 하락 추세로 전환하였고 20달러 아래로 폭락했다. 필자가 신비한 능력이 있어서가 아니다. 남들보다 먼저 생각하고, 소음과 뒤섞여 있는 신호를 찾아내고, 남들보다는 좀 더 체계적이고 과학적인 방법론을 따라 미래의 가능성을 추론한 결과이다.

국제유가 변화 추이(WTI, 배럴당 달러)

대폭락의 원인,
팬데믹에 가린 진짜 문제

　　다음 그림은 필자가 코로나19 팬데믹이 일어나기 전에 미국 주식시장 대조정(대폭락), 한국의 가계영역발 2차 금융위기 가능성, 중국의 상업영역 및 부동산발 1차 금융위기 가능성을 예측할 때 사용했던 도표이다. 이미 지나간(?) 일을 다시 되새겨 보는 이유가 있다. 2020년 초의 대폭락 원인이 코로나19 팬데믹 뿐이라면 분석과 예측은 간단하다. 그 충격에 따른 하락의 폭과 깊이, 회복기간만 계산하면 된다. 트럼프의 "코로나19는 자연재해일 뿐 곧 지나갈 것"이라는 초기 발언이 바로 그런 인식에 기초하고 있다. 그러나 현실은 매우 다르게 전개되고 있다. 문제가 코로나19뿐이 아니기 때문이다. 이 부분을 잘 이해해야 대폭락 이후 전개될 대세상승장의 예상 경로와 패턴을 추정할 수 있다. 대폭락의 원인이 곧 대세상승장의 움직임을 결정한다.

　　2019년 말부터 필자는 미국 주식시장의 대조정(대폭락)이 발생한다면

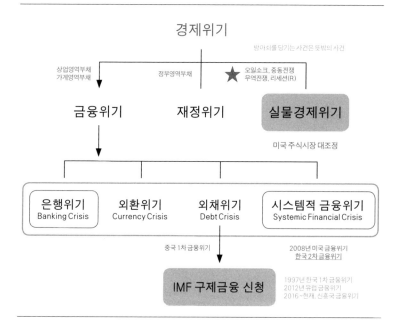

경제위기

방아쇠를 당기는 사건은 뜻밖의 사건

상업영역부채
가계영역부채

정부영역부채

★ 오일쇼크, 중동전쟁
무역전쟁, 리세션(R)

금융위기　　　　**재정위기**　　　**실물경제위기**

미국 주식시장 대조정

| 은행위기 | 외환위기 | 외채위기 | 시스템적 금융위기 |
| Banking Crisis | Currency Crisis | Debt Crisis | Systemic Financial Crisis |

중국 1차 금융위기

2008년 미국 금융위기
한국 2차 금융위기

IMF 구제금융 신청

1997년 한국 1차 금융위기
2012년 유럽 금융위기
2016~현재, 신흥국 금융위기

(2008년 위기가 금융 부문에서 시작했던 것과 달리) 실물경제가 위기의 원인
이 될 가능성이 높다고 경고했다. 미국 주식시장 대조정의 원인과 발발
경로를 좀더 자세하게 분석해 보자.

한국과 중국의 금융위기 가능성

한국에서 발생 가능한 제2의 금융위기는 근본 원인이 막대한 부
채다. 미국 주식시장의 대조정도 막대한 부채가 원인이다. 그러나 미

국은 기업 영역의 부채가 문제다. 기업 영역 중에서 에너지기업을 포함한 하이일드(투기 등급) 채권시장이 중심에 있다. 물론 다른 영역의 기업들도 영업이익을 넘어서는 막대한 부채를 쌓은 곳이 있고, 그런 기업들은 주식시장 대조정의 직격탄을 맞았다. 한국은 가계 영역의 부채가 핵심 문제이다. 건국 이래 가장 많이 쌓인 가계부채는 금융위기를 일으키거나, 아니면 20~30년간의 장기 저성장을 만들어낼 뇌관이다. 뇌관을 때려 대폭발을 일으킬 방아쇠trigger는 부동산 관련 채권 부실화가 될 가능성이 가장 크다. 정부나 은행권은 가능하면 방아쇠가 당겨지지 않게 이런저런 방어 노력을 할 것이다. 그래서 지금도 폭발력을 계속 키우며 문제가 커지는데도 터지지 않고 있

기업 부채, 중국 대 미국

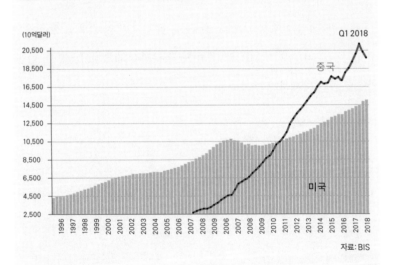

자료: BIS

출처: WOLFSTREET.com

는 이유다. 하지만 20008년과 2020년 미국의 사례를 보더라도, 예상치 못한 사건이 발생하여 방아쇠를 당겨 버릴 위험이 항상 있다는 점을 잊으면 안된다.

중국은 1997년의 한국과 비슷하다. 상업영역에 대규모 부채가 쌓여 있다. 1997년 당시, 한국은 금융위기가 발생하면서 대우를 비롯한 대기업 상당수가 파산하거나 강제 구조조정을 단행했다. 엄청난 부실 채권이 나오면서 1금융권인 은행도 망하고 금융시스템이 붕괴했다.

앞의 그림에서 보듯이 중국의 상업영역(기업) 부채는 규모가 미국 기업들의 부채보다 크다. 규모도 문제이지만 GDP 대비 부채비율이 더 문제다.

GDP 대비 비금융 기업 부채 비율, 중국 대 미국

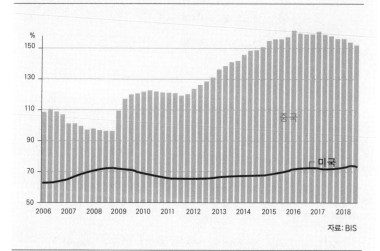

자료: BIS

출처: WOLFSTREET.com

앞의 그림처럼 중국 기업(금융권 제외)의 부채 수준을 GDP 대비 비율로 환산하면 미국과 더욱 큰 격차를 보이는 것을 한눈에 알 수 있다. 현재 중국 정부는 금융위기가 일어나지 않도록 기업의 구조조정을 서두르고 있다. 주로 정부가 실질적 소유권을 갖고 있는 공기업을 중심으로 구조조정을 진행중이다.

하지만 미중 무역전쟁과 코로나19 팬데믹의 충격에 대응하느라 구조조정 노력이 지지부진하다. 오히려 이번에 기업부채가 다시 늘어날 가능성이 크다. 그나마 중국 정부가 공기업은 강제로 구조조정을 할 수 있지만, 문제는 민간기업이다.

중국의 부채 문제는 상업영역에만 국한되지 않는다. 중국 정부가 인위적으로 부채 축소를 미루는 동안 부동산을 중심으로 가계영역에서도 대규모 부채가 쌓였다. 필자의 예측으로는 민간기업 부채와 지방정부 발행 채권, 부동산 관련 가계부채와 연관된 파생상품 등이 그림자 금융권에서 대규모로 부실화하는 것이 1차 금융위기를 일으키는 방아쇠가 될 가능성이 크다. 물론 중국 정부나 금융권도 가능한 모든 수단을 동원하고 추가로 부채를 발행하면서 방아쇠가 당겨지지 않도록 노력할 것이다. 그런 노력의 결과로 금융위기의 방아쇠가 당겨지지 않는다면, 중국 경제는 저성장의 늪에 빠져 중진국 함정에 갇힐 가능성이 크다. 하지만 중국에서도 20008년과 2020년 미국의 사례처럼 예상치 못한 사건이 발생하여 방아쇠를 당겨 버릴 위험이 항상 있다.

위기를 피하려는 중국이나 한국 정부의 노력에도 분명한 한계가 있다. 필자는 그 한계점의 끝으로 다가가고 있다고 추정한다. 2020년 미국 주식시장의 대조정과 코로나19 팬데믹, 오일전쟁운 한국과 중국 정부의 대응력을 더욱 한계치 가까이로 몰아붙이는 역할을 할 것이다.

2020년 미국 주식시장 대조정(대폭락)의 뇌관은 기업부채다. 그런데 미국의 대조정과 전세계 경제가 동조화 된 데는 몇 가지 이유가 있다. 첫째, 전세계가 미국 주식시장 대폭락의 방아쇠를 당긴 사건인 코로나19 팬데믹과 오일전쟁의 영향 아래 함께 있다. 둘째, 선진국 대부분이

전세계 부채(246.5조$, 전세계 GDP(74조$) 대비 332%) - 다시 증가 추세로 전환

부채총액은 가계, 비금융기업, 금융기업, 정부 부채의 합
2018년 말, 전세계 비금융 기업 부채 규모(75조$)도 전세계 GDP(74조$) 대비 100% - 계속 증가 중

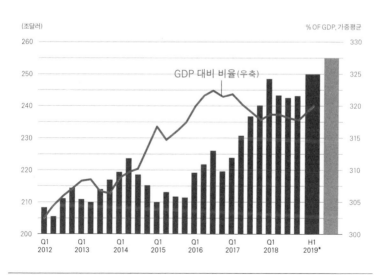

*2019년 분기 데이터 없음
출처: Institute of International Finance

비금융 기업영역 부채 규모, 미국과 유럽 비교

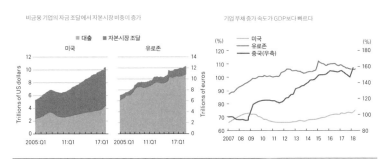

비금융 기업의 자금 조달에서 자본시장 비중이 증가

기업 부채 증가 속도가 GDP보다 빠르다

출처: IMF Global Financial Stability
Report(2019, Apt)

시중 통화량 - 미국, 중국 광의통화 추이

미국은 본원통화량을 줄여도 광의통화량은 계속 증가 중

출처: 한국은행

시중 통화량과 미국 주식시장(다우지수)의 연관성

출처: TRADINGECONOMICS.COM I OTC/CFD

미국과 비슷하게 대규모 부채를 가지고 있다. 앞의 그림은 전세계 부채 규모와 증가 추세를 보여주는 그림이다. 전세계 부채는 246조달러를 넘었다. 2018년 잠시 감소 추세를 보이던 부채는 2019년부터 다시 증가하기 시작했다. 2020년에 팬데믹의 충격으로 전세계가 대규모 양적완화를 실시하고 있기 때문에 부채 증가 속도가 더 빨라질 것이 분명하다. 부채가 만들어 낸 위기를 추가로 부채를 일으켜 막고 있기 때문에 이번 위기가 끝나도 다른 위기가 또 등장할 가능성이 크다.

미국은 막대한 부채가 주식시장과 하이일드 채권시장을 포함한 회사채 시장을 거쳐 기업으로 흘러 들어갔다. 이 두 곳의 붕괴, 즉 주식시장의 대폭락과 채권시장 붕괴가 2020년 위기의 핵심 영역이다. 이 두 영역의 붕괴로 인해 미국 금융시스템에 충격이 가해졌고, 연준은 금융시스템을 지키기 위해 전력을 다하고 있다. 앞 페이지 그림을 보면, 유럽역시 미국과 크게 다르지 않다.

필자는 처음 미국 주식시장 대조정 시나리오를 구성하며 위기의 뇌관인 기업 부채 문제에 방아쇠를 당길 몇 가지 예상 후보 사건들을 지목하고 추적해 왔다. 예를 들어 기준금리 재인상, 미국 실물경기 침체, 시장 기대감 하락 등이 모니터링 변수였다. 그러나 2019년 연준이 3번의 금리 인하라는 중간조정을 거치며 기준금리 재인상 시점은 2021년경으로 미뤄졌었다. 대신 2020년 11월의 미국 대선 전후로 시장 기대감이 끝나면서 수익 실현을 위한 대대적 매도 및 포트폴리오 교체가 일어날 가능성을 주목했다. 또한 미중 무역전쟁이 다시 악화할 가능성, 미국과 이란의 중동전쟁 발발로 인해 유가가 영향을 받을 가능성, 그리고 중국 금융위기가 생각보다 빨리 발발할 가능성 등도 염두에 두었다.

이런 사건들이 미국 실물경기의 침체 속도와 규모를 크게 만들어서 회사채 시장에서 대규모 부실을 발생시키고, 이것이 막대한 기업부채라는 뇌관을 타격하면 주식시장이 대폭락하는 시나리오였다.

그러나 실물경기의 본격적인 침체를 촉발할 변수는 시나리오 밖에 있던 코로나19 팬데믹이었다.

주식시장 반등 패턴의
정밀 분석

    지금부터 미국이나 한국 등 주식시장에서 일어날 대세상승장의 상승 패턴을 정밀하게 분석해보자. 먼저 지난 100년 동안 미국 주식시장에서 일어났던 6번의 대폭락과 대상승을 분석하는 데서 시작하자. 일반적으로 대상승의 동력은 2가지 힘에서 나온다. 그중 하나가 경제 펀더멘털이다. 세계경제가 건전하게 계속 성장하는 힘이 대상승을 이끄는 기본적인 힘이다. 참고로 2009년 6월부터 2020년 1월까지 전개된 미국 주식시장의 대세상승 기간에 대해 기업 펀더멘털만 고려할 경우 다우지수의 적정한 수준은 대략 20000선 전후가 될 듯하다. 필자는 펀더멘털에 기반한 다우지수의 적정 주가인 약 20000을 초과하여 상승한 부분이 바로 버블이라고 본다. (이 수치는 정확한 과학적 측정치가 아니라 페르미 추정을 이용한 어림셈의 결과치이다. 기업 이익이나 장부가치 등 여러 수단을 동원해서 펀더멘털을 기준으로 주식 가치를 산출할 수는 있지만, 필자의 생각에는 그 어떤 방법으로도 정확한 주식 가치를 산출하기 어렵다. 이 책에서는 더 이상 정확한 분석을 전개하지 않는다. 더욱이 그런 분석은 책의 주제와 큰 연관도 없다.)

또다른 상승의 동력은 돈, 정확히 말하면 과도하게 풀린 돈의 힘이다. 과도하게 풀린 돈의 힘, 즉 과도한 유동성은 정상 가격보다 높은 가상의 가격을 만들어내는데 이것이 바로 버블이다. 대세상승기는 펀더멘털의 향상(정상적인 경제적 성장)과 버블(과도한 유동성)의 합작품이다. 대폭락은 펀더멘털의 향상 속도가 잠시 숨 고르기에 들어가고(정상적 경제 사이클상의 경기침체), 과도한 돈의 힘이 만들어낸 버블이 한계에 도달하면 시작된다. 버블은 3가지 특징을 갖는다.

1. 버블은 언제나 붕괴했다. 예외는 없다.
2. 버블의 규모와 붕괴의 규모는 비례한다.
3. 버블이 터지면, 버블이 시작되었던 원래 주가지수나 그보다 약간 아래까지 하락하는 경향을 갖는다.

위 3가지 특징은 2020년 주식시장 대폭락의 최저점을 추정하는 데에도 유용한 특징이다. 버블은 예외없이 붕괴했다. 이번에도 마찬가지다. 버블을 만들어내는 근본적 장치는 빚(신용)이다. 기업이나 가계가 빚을 내지 않고 이번 달 번 소득만 가지고 먹고 살기로 한다면 투자시장에 버블이 만들어지지 않는다. 그런데 미래에 벌 예정인 돈까지 빚이라는 방식으로 끌어와서 이번 달에 쓸 수 있게 되었다. 이것이 신용이다. 현대 자본주의 경제를 '신용 창조에 의한 경제성장 시스템'이라고도 부르는 이유가 여기에 있다. 미래 소득을 앞당겨서 사용하는 일명 '신용 창조' 덕분에 월급의 10배가 넘는 자동차도 바로 살 수 있게 되고, 경제 전체의 순환 속도가 수십 배 빨라져 성장 속도가 획기적으로 올라갔다. 하지만 그 과정에서 막대한 부채를 만들어 낸다는 필연적 단점을 가진다. 그 단점을 조심하지 않으면, 버블 붕괴와 그에 따른 금융시스템 붕괴라는 위기를 맞게 된다. 이런 예고된 위험을 경제학자와 금융시스템 관리자들도 잘 알고 있지만, 인간의 탐욕 때문에 관리에 번번히 실패해서 언제나 버블을 만들었고, 그 버블은 언제나 붕괴했다. 2020년 주식시장 대폭락 사건을 통해 우리는 버블의 첫 번째 특징에 예외가 없음을 다시 한번 확인했다.

　버블의 첫 번째 특징이 붕괴의 필연성을 알려 준다면, 두번째와 세번째 특징은 붕괴의 규모, 최저점, 회복 시점에 대한 힌트를 준다. 필자는

미국과 한국, 주식시장 추이 비교 - 최근 대폭락장 움직임

출처: TRADINGECONOMICS.COM

앞에서 페르미 추정으로 펀더멘털에 의한 적정 가치와 버블에 의한 상승분을 분리했다. 이것을 적용하면 단순하게 버블 붕괴 규모만으로 추정한 2020년 대폭락의 최저점은 다우지수 18000선(1차 가능성 지점)이다. 실제로 미국 다우지수는 2020년 3월 23일에 장중 한 때 18000선이 무너졌다. 버블 붕괴에 더해 실물경제에 충격을 주는 추가적 사건이나 힘이 작용하면 최저점이 18000선 밑으로 좀더 내려갈 가능성(2차 가능성 지점)도 있다.

금융시장 100년의 역사가 알려주는
대세상승장 투자 전략

　이제 분석의 초점을 대세상승장으로 바꾸어 보자. 역사는 현재 위기나 기회의 원인과 결과, 상황 변화 양상(패턴, 사이클)에 대해 매우 유용한 어림치를 제공한다. 지금부터 지난 100여 년 동안 미국 주식시장에서 일어난 6번의 대폭락과 대상승을 살펴보면서, 다가올 대세상승기에 대응할 투자전략을 도출해 보자. 다음은 지난 100년 간의 미국 주식시장 사이클을 보여주는 그래프이다. 그림에서 보듯이, 총 6번 정도의 대세상승기가 있었으며 대폭락과 대상승이 주기적으로 반복되었다.

　먼저 1차 대세상승기를 분석해 보자. 1924년부터 1929년까지 전개된 1차 대세상승기의 주가 변화를 보여주는 89페이지의 그래프에서 상단은 선형 그래프이고, 하단은 물가상승을 반영한 로그 그래프이다. (50→100의 상승과 100→200의 상승은 모두 100% 상승이지만 선형그래프에서는 후자의 상승폭이 전자보다 2배 크게 보여 상승률을 정확히 파악하기 어렵다. 로

그 그래프를 사용하면 상승과 하락의 비율이 정확하게 같은 간격으로 표현된다)

1차 대세상승기에는 1차 세계대전(1914~18) 이후 미국 산업의 혁신기가 펼쳐지면서 6년 동안 3.8배 상승했다. 역사적으로 최고의 상승률이다. 그러나 1929년 경제 대공황이 일어나면서 1년 넘게 하락해서 상승폭의 89%를 반납했다. 이 기간의 선형 그래프를 로그 그래프로 변환하면 한 가지 더 흥미로운 사실이 발견된다. 3.8배 상승하는 대세상승장이 시작되기 전 몇 년 동안 선형그래프에서는 박스권을 오르내리는 듯 보이지만, 물가를 반영한 다음 로그 그래프로 바꾸면 박스권 기간은 실제로

지난 100년, 미국 주식시장 사이클(다우지수)

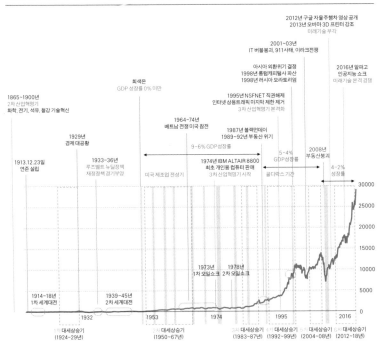

는 하락장이었음을 알 수 있다.

1954~1965년의 2차 대세상승기를 보자. 2차 대세상승기는 2차 세계 대전(1939~45) 이후 미국 제조업의 전성기가 펼쳐지며 12년 동안 상승기 가 지속되었다. 20세기의 가장 긴 상승기였다. 총 상승률은 3.2배를 기 록했고 중간에 3번의 조정기를 거쳤다. 그후 1964~1974년 동안 미국이

미국 1차 대세상승기(1924~1929년) 분석(다우지수)

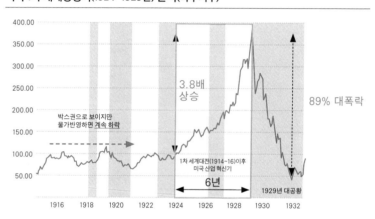

미국 1차 대세상승기 - 물가 반영, log scale

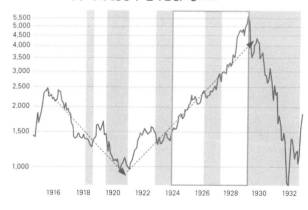

출처: macrotrends.net

베트남에서 전쟁을 벌이고, 1973년과 1978년 각각 1, 2차 오일쇼크(중동 국가의 급격한 원유 가격 인상으로 인한 경제적 충격)가 발생하면서 38%의 대조정을 받았다.

이 기간의 주가 변동을 물가상승률을 반영하고 로그 그래프로 변환하면 1차 상승기 때와 비슷한 현상을 확인할 수 있다. 즉 상승기가 시작

미국 2차 대세상승기(1954~1965년) 분석(다우지수)

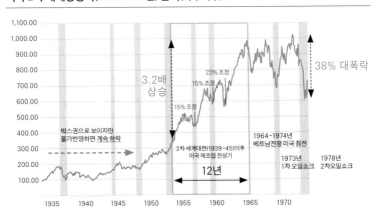

출처: macrotrends.net

되기 전이 선형 그래프에서는 박스권처럼 보이지만 로그 그래프를 보면 하락과 상승이 뚜렷한 V자 변화를 보인다. 투자의 관점에서 보면 명목 가격으로는 박스권을 움직이는 듯하므로 큰 손해가 없었을 것같지만, 물가 상승률을 반영하면 대세상승기 전의 구간은 그 이전 단계의 대폭락 후유증이 지속되면서 손해가 발생하는 시점이라는 의미다.

미국 3차 대세상승기(1983~1987.7) 분석(다우지수)

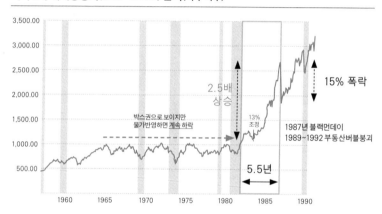

미국 3차 대세상승기 - 물가 반영, log scale

출처: macrotrends.net

다음으로 1983~1987년의 3차 대세상승기를 보자. 3차 대세상승기는 오일쇼크가 끝나고 개인용 컴퓨터가 보급되면서 3차 산업혁명 붐이 서서히 불기 시작한 시기였다. 이 기간에 미국 경제는 GDP 성장률이 6~7%대의 안정세를 보였고, 다우지수는 5.5년 동안 중간조정기를 1회 거치면서 2.5배 상승했다. 상승의 끝에서 1987년 블랙먼데이(월요일인

미국 4차 대세상승기(1991~1999년) 분석(다우지수)

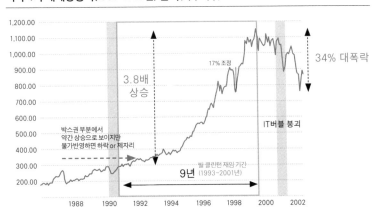

미국 4차 대세상승기 - 물가 반영, log scale

출처: macrotrends.net

1987년 10월 19일 다우지수가 20% 넘게 폭락하는 사건)를 거치면서 15% 정도 하락했다. 역사상 가장 작은 폭의 대조정이었다. 2차 대세상승기가 끝난 1965년 이후부터 3차 대세상승기가 시작되기 전까지 17~18년 동안 다우지수가 1000포인트를 넘지 못한 채 박스권에 갇혀 있었다. 그 기간 동안의 물가상승률을 반영하고 로그지수로 변환하면 큰 폭으로 하락이 진행되었음을 확인할 수 있다.

다음은 1991~1999년의 4차 대세상승기다. 4차 대세상승기는 클린턴 대통령 임기 중에 전개되었다. 9년이라는 긴 시간 동안 상승을 유지하며 총 3.8배 상승했다. 역사적 최고 상승률을 기록했던 1차 상승기와 같은 폭이지만 상승 기간이 더 길었다. 상승 기간이 길었음에도 불구하고 중간조정은 1회에 그쳤다. 20세기 말 미국 경제가 최고의 호황기를 누린 덕분이었다. 하지만 상승기 이후 IT 버블 붕괴를 맞으며 34% 대폭락하였다. 물가를 반영한 로그 그래프로 보면, 이전의 시기와는 다르게 대세상승기 이전에도 실질 하락폭이 매우 작았다.

다음은 2003(6월)~2007(10월)년의 5차 대세상승기다. 5차 대세상승기는 21세기에 펼쳐진 첫 번째 상승기였다. 상승기간은 약 4년, 상승률은 75%에 그쳤다. 역사상 가장 낮은 상승률이다. 이 기간을 5차 대세상승기라고 구분했지만, 사실상 거짓 상승기라고 해도 과언이 아니다. 대세상승기처럼 보이지만 물가를 반영하면 제자리를 맴돈 수준, 즉 손해를 보지 않은 수준이었다. 또한, 전세계가 막대한 유동성으로 부동산을 중심으로 자산버블을 키운 시기였다.

5차 대세상승기는 로그 그래프로 보더라도 미미한 수준의 주가 상승을 보일 뿐이다. 짧은 상승기가 끝난 후 2008년 부동산 버블이 붕괴하며 50% 대폭락으로 이어졌다.

다음은 가장 최근의 상승으로 2009(6월)~2020(1월)년의 6차 대세상승기다.

2008년 금융위기 이후 2009년부터 시작된 6차 대세상승기는 미국 주식시장 역사상 가장 긴 상승기였다. 12.5년 동안 3번 정도의 중간조정을 거치면서 3.3배의 상승률을 기록했다.

미국 5차 대세상승기(2003.6~2007.10) 분석(다우지수)

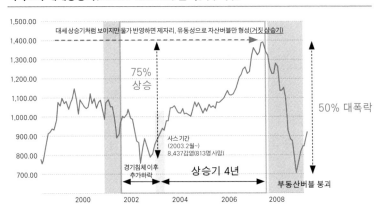

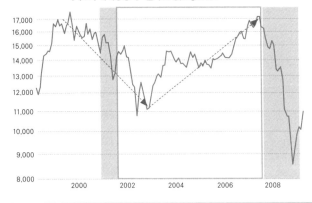

출처: macrotrends.net

필자가 2019년 말과 2020년 1월 초의 신년 예측 세미나에서 대조정 가능성을 염두에 두고 바로 준비하라고 조언했던 이유가 있다. 6차 대세상승의 지속 기간이 이미 역대 최장을 넘어섰기 때문에, 2020년 대선을 앞둔 트럼프가 주식시장을 떠받치기 위해 총력을 기울여도 1년 이상 상승기를 연장하기는 어렵다고 판단했기 때문이다. 또한 추가 상승기를

미국 6차 대세상승기(2009.6~2020.1) 분석(다우지수)

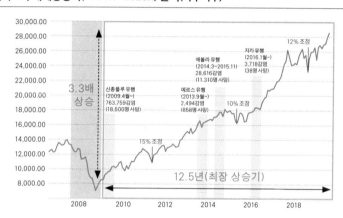

미국 6차 대세상승기 - 물가 반영, log scale

출처: macrotrends.net

'억지로' 1년 정도 연장한다면 그 연장 기간(2020년 한 해)에 1~2번 정도의 중간조정이 발생할 가능성이 높으니 대비할 것을 조언했다.

필자는 이런 분석을 토대로 좀더 정교하게 미국 주식시장 대폭락의 최저점에 관한 시나리오를 만들었다. (다음 시나리오는 2020년 3월 13일 통찰보고서를 통해 제시한 내용이다)

시나리오 1. 현재 수준(30~35% 하락)에서 조정이 마무리될 경우, 1, 2차 조정과 약간의 미세한 추가 조정으로 대조정이 완료되는 시나리오다. 지난 100년 동안 대공황(89%)과 2008년 부동산 버블 붕괴로 인한 금융위기(50%)를 제외하면 일반적인 대조정 폭은 34~38% 선이었다. 이번에도 이 수준의 하락폭을 적용하면 다우지수 19000~20000선이 될 것이다. 하지만 코로나19 팬데믹, 오일전쟁, 글로벌 경제 위축 등 경제를 위협하는 중요 문제에 대해서 그 어느 하나도 탈출구가 보이지 않는 상황이다. 더욱이 시장공포지수VIX도 75.47로 2008년 금융위기(VIX 89.53)에 근접한 상태이기 때문에 확률적 가능성이 낮아지고 있다.

시나리오 2. 3차 중간조정이 추가로 발생하여 1차 조정부터 3차 조정까지 약 35~40% 정도 선에서 하락해서 대조정이 완료되는 시나리오다. 이 경우는 다우지수 18000선 내외까지 추가 하락한다. 현재 확률적 가능성이 높아지고 있다.

시나리오 3. 최악의 경우 50%까지 조정을 받으면서 대조정이 완료될 가능성도 배제할 수 없다. 이 경우 다우지수는 15000선 안팎까지 폭락한다. 오일전쟁이 격화하고, 미국 하이일드 채권시장에 큰 충격이 발생하고, 미국에서 코로나19가 크게 확산되어 실물경제 충격이 위험수위에

미국 주식시장 대조정 추정치(다우지수)

4차 대세상승기 3번 폭락하고 34% 대조정
5차 대세상승기 4번 폭락하고 50% 대조정
cf. 자국 위기발생시 최대 70~75% 대조정

지난 고점 기준 지지선 형성
지난 저점 기준 지지선 형성

30000
25000
20000   30%
15000   50%
10000   70%
5000
0

1988   1995   2002   2009   2016

출처: TRADINGECONOMICS.COM I OTC/CFD

이르는 등 최악의 변수가 겹친다면 충분히 가능한 미래다.

실제로 미국 다우지수는 2020년 3월 23일에 장중 한 때 18000선까지 무너졌었다.

6차 대세상승기가 끝나면 어느 정도 대조정이 일어날 것인가를 예측하기 위해 분석한 참고 자료들 중 몇 가지를 소개한다.

먼저 지금까지 살펴본 지난 100년간의 미국 다우지수 움직임을 물가상승률을 반영하여 로그지수로 변환한 그래프이다.

다음 그래프를 가지고 추정한다면, 위쪽 추세선은 상승 고점, 아래쪽 추세선은 하락 저점을 추정하는 데 도움을 줄 수 있다.

다음은 미국 기업의 순현금흐름과 세후 이익을 주식가치와 비교

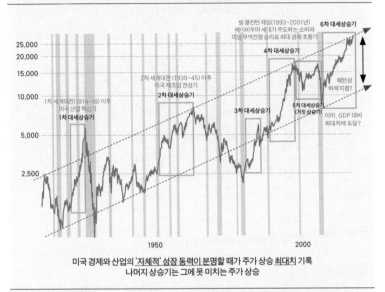

지난 100년, 미국 주식시장 분석 - 물가 반영, log scale

빌 클린턴 재임(1993~2001년)
베이비부머 세대가 주도하는 소비와
미얀 무역전쟁 승리로 최대 경제 호황기

6차 대세상승기

4차 대세상승기

2차 세계대전 (1939~45) 이후
미국 제조업 전성기

2차 대세상승기

1차 세계대전(1914~18) 이후
미국 산업 혁신기

1차 대세상승기

3차 대세상승기

5차 대세상승기
(거짓 상승기)

패턴상
하락지점?

이미, GDP 대비
최대치에 도달?

25,000
20,000
15,000
10,000

5,000

2,500

1950

2000

미국 경제와 산업의 '자체적' 성장 동력이 분명할 때가 주가 상승 최대치 기록
나머지 상승기는 그에 못 미치는 주가 상승

출처: macrotrends.net

한 그래프다. 그래프를 보면 2014년 이후부터 주가가 고평가되기 시작했다. 화살표는 적정가치에 비해 고평가된 격차를 나타낸다.

다음 2개 그래프는 미국 기업의 이익률과 주식가치를 평균선을 가지고 비교한 그래프다. 상단 그래프는 주가이고 하단은 기업이익 그래프다. 2가지 그래프에 비슷하게 평균선 2개를 만들어 넣었다. 평균선 2는 말그대로 상승 평균(중간값) 추세이고, 평균선 1은 그보다 낮은 수준의 임의의 추세선이다.

다른 2개의 그래프를 더 보자. 하나는 지난 150년 동안 미국 주식시장을 '실러 경기조정 주가수익비율'로 비교한 그림이다. 이는 주가

미국 기업 순현금흐름, 세후 이익 vs. 미국 주식 가치

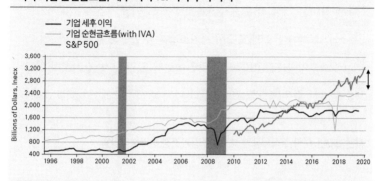

미국 기업 이익 vs. 주식 가치

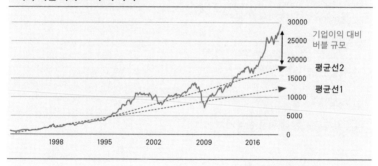

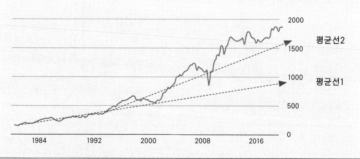

출처: TRADINGECONOMICS.COM

가 지난 10년간 평균 주당순이익의 몇 배인지를 보여주는 지표이다.
다른 하나는 미국 가계 순자산을 기준으로 미국 주식시장의 가치를
분석한 그림이다. 그래프에서 경기조정분을 반영하면 2020년 1월 기
준 주가수익비율은 거의 최고점에 이르러 있었다. 미국 가계의 연도
별 순자산 수준(하단 그래프 왼쪽)과 미국 주식시장의 가치(하단 그래프

지난 150년, 미국 주식시장 분석 - 실러 경기조정 주가수익비율

미국 가계 순자산 대 미국 주식 가치

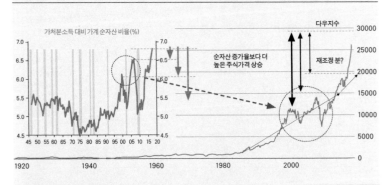

출처: TRADINGECONOMICS.COM | DOW JONES

오른쪽)를 비교하면 미국 가계의 순자산이 역대 최고 수준이지만, 주식가치는 과거보다 상대적으로 더 고평가되어 있음을 알 수 있다.

미국 주식시장의 버블 수준과 대폭락 규모를 추정할 수 있는 자료가 하나 더 있다. 인구 변화를 기준으로 다양한 변화를 연구하는 헤리 덴트의 자료다. 아래는 헤리 덴트가 미국 출산 기준으로 소비 피크(46세에 소비 정점에 이름) 주기와 다우지수를 비교한 자료다. 파란색 영역은 이민자 숫자를 더해 보정한 미국 출산 세대별 소비 피크의 연도별 변화 추정치다. 파란 선은 미국 다우지수 변화 선이다. 그림에서 보듯, 2010년까지는 소비 피크 선 안에서 움직였지만, 그 이후로 아주 심하게 이탈했다. 이 그래프만 가지고 본다면 지출 능력 대비

소비 피크 곡선과 다우지수

출처: Dent Reseachi, Bureau of Labor Statistics   www.dentresearch.com

버블 크기가 아주 높았기 때문에, 버블이 붕괴하면 소비 피크 범위 (16000~20000선)까지 하락할 가능성이 충분했다.

예측 시나리오 : 대세상승의
패턴으로 보는 반등 시나리오

대세상승장의 전개 패턴과 그에 기반한 예측 시나리오를 살펴볼 차례이다. 지난 6번의 대세상승기 전후를 살펴보면, 대조정이 끝난 이후 새로운 대세상승장이 전개되기까지의 과정에서 몇 가지 패턴을 확인할 수 있다. 대세상승장에서 나타나는 일반적 패턴을 도출하기 위해, 필자는 1, 2차 세계대전과 1, 2차 오일쇼크라는 아주 극단적이고 예외적인 사건으로, 회복기(상승기)까지 가는 공백기가 예외적으로 길었던 1차와 2차 대세상승기를 제외하고, 나머지 4번의 대세상승기로 분석 대상을 좁혔다.

다음 그림은 3차 대세상승기 전과 후의 대폭락을 보여준다. 주식시장은 1, 2차 오일쇼크로 인해 긴 박스권을 거치다가 1981년 3월 고점에서 대폭락을 시작했다. 이때의 대폭락은 (당시 미국 경제성장률 그래프에서 보듯) 실물경기 침체와 겹쳤다. 바닥까지 전개된 하락장(약세장)의 전체

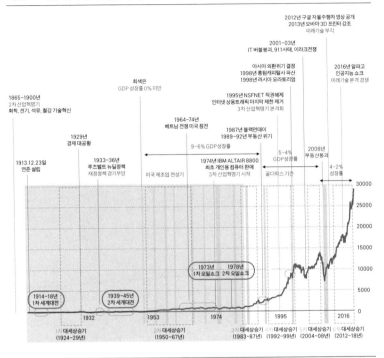

2012년 구글 자율주행차 영상 공개
2013년 오바마 3D 프린터 강조
미래기술 부각

2001-03년
IT 버블붕괴, 911사태, 이라크전쟁

아시아 외환위기 결정
1998년 롱텀캐피탈사 파산
1998년 러시아 모라토리엄

2016년 알파고
인공지능 쇼크
미래기술 본격 경쟁

회색은
GDP성장률 0% 미만

1995년 NSFNET 직권해제
인터넷 상용트래픽 마지막 제한 제거
3차 산업혁명기 본격화

1865-1900년
2차 산업혁명기
화학, 전기, 석유, 철강 기술혁신

1964-74년
베트남 전쟁 미국 참전

1987년 블랙먼데이
1989-92년 부동산 위기

9-6% GDP성장률

5-4%
GDP성장률

2008년
부동산붕괴

1929년
경제 대공황

1974년 IBM ALTAIR 8800
최초 개인용 컴퓨터 판매
3차 산업혁명기 시작

4-2%
성장률

1913.12.23일
연준 설립

1933-36년
루즈벨트 뉴딜정책
재정정책 경기부양

미국 제조업 전성기

골드락스 기간

30000
25000
20000
15000
10000
5000
0

1973년 1978년
1차 오일쇼크 2차 오일쇼크

1914-18년
1차 세계대전

1939-45년
2차 세계대전

1932   1953   1974   1995   2016

1대세상승기
(1924-29년)

2대세상승기
(1950-67년)

3차 대세상승기 3차 대세상승기 대세상승기 5차 대세상승기
(1983-87년) (1992-99년) (2004-08년) (2012-18년)

기간은 16개월이었으며, 그 이후에 전고점(1981년 3월 2일의 1004)을 회복하는 데 4개월 정도 걸렸다. 이 시기가 전고점 회복까지 걸리는 시간이 가장 짧았는데, 그 이유는 1, 2차 오일쇼크로 인해 오랫동안 전고점이 낮은 수준에 머물러 있었기 때문이 아닐까 추정한다.

우리는 여기서 중요한 힌트를 하나 얻을 수 있다. 3차 대세상승기 직전의 대폭락장은 경기침체와 겹치면서 하락장(약세장)이 16개월 정도 지속되었다. 만약 2020년 주식시장 대폭락기가 경기침체와 겹친다면 하락장이 생각보다 길어질 가능성이 있다. 물론 이번 폭락 이후 회복까지

미국 3차 대세상승기(1983~1987.7) 분석

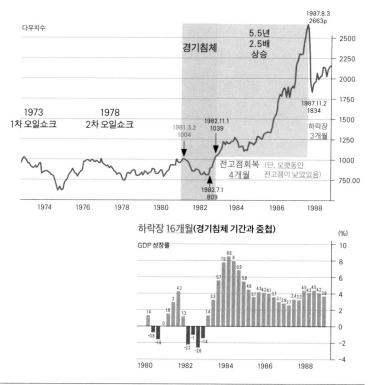

출처: TRADINGECONOMICS.COM

그 정도까지 길어질 가능성은 작다. 연준이나 각국 정부가 대규모 경기 부양책을 동원해 실물경제 활성화를 위한 단기적 처방을 쏟아내고 있다. 이런 개입이 부실 기업의 처리를 미래로 미루고, 최악의 위기로 번지는 것을 방어하고, 돈의 힘으로 바닥에서 치고 올라올 힘을 인위적으로 만들어 줄 것이기 때문이다. 그럼에도 불구하고 새로운 충격이 가해져 대폭락 기간과 세계경제 대침체가 겹친다면, 시장의 예측보다 약세장이 길어질 가능성도 고려해야 한다.

다음 그림은 4차 대세상승기와 그 전후의 대폭락을 보여준다. 3차 대
세상승기가 끝나고 미국 주식시장은 1987년 블랙먼데이를 기점으로 대
폭락하기 시작했지만, 하락장이 3개월이라는 아주 짧은 기간에 마무리
되었다. 실물경제가 받쳐준 덕분에 하락장은 아주 빨리 끝나고 반등기
가 시작되었다. (당시 미국 경제성장률 그래프를 보면 알 수 있듯이, 실물경제가
서서히 하방 추세를 보이긴 했지만, 2~3%대의 성장률을 유지했다)

미국 4차 대세상승기(1991~1999년) 분석

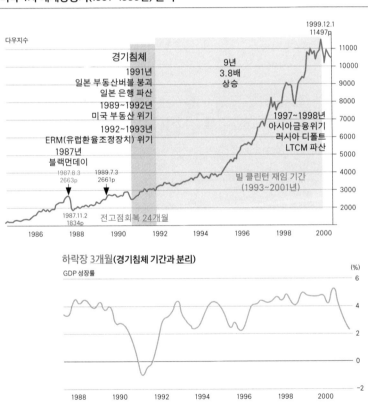

출처: TRADINGECONOMICS.COM

3차 대세상승기가 끝나고 대폭락이 일어난 후에 블랙먼데이 직전의 전고점인 2663 근처까지 회복되기까지 24개월 정도 걸렸다. 하지만 전고점 회복 후 전개된 박스권 장이 길게 이어졌다. 그 이유는 상승기 중간에 미국을 비롯한 전세계 실물경기의 대침체가 발생했기 때문이다. 그림에 표시해 두었듯이, 1991년 일본에서 부동산 버블 붕괴가 시작되며 대형은행들이 파산했고, 1989~1992에는 미국 내에서도 일본 자산이 물밀듯이 빠져나가면서 부동산 위기가 일어났다. 미국의 경제성장률이 마이너스로 주저 앉았고, 유럽의 경제성장률도 심각한 수준으로 추락했다. 유럽에서도 심각한 경제 위기가 발생했기 때문이다. 1979년 서유럽은 '환율조정제도ERM; exchange rate mechanism'를 만들어서 유럽 국가들이 복수의 주요 통화를 기준으로 상하 2.25% 이내에서 각 나라 환율 변동폭을 조정해왔다. 그런데 1992년 금융 역사에서 유명한 소로 소를 중심으로 한 세력의 파운드화 공격으로 파운드화 가치가 폭락하자 영국이 탈퇴하고 이어 이탈리아도 탈퇴하는 등의 혼란이 발생했다.

여기서 추가로 중요한 힌트를 한 가지 더 얻을 수 있다. 앞의 그림을 보면, 주식시장은 경기침체가 최고조에 달했던 시점보다 먼저 회복되기 시작한다. 금융전문가들은 대략 주식시장이 최소 3개월에서 최대 6개월 정도 먼저 움직인다고 한다. 실제로 주식시장은 실물경제보다 먼저 악화하고, 먼저 회복했다. 그리고 경기침체가 끝날 무렵에는 전고점 부근까지 회복했다. 필자가 앞에서 제시한 대세상승장 4단계 중에서 1, 2단계가 경기침체 후반기에 완료된 셈이다. 이번 2020년 대폭락장에도 경기침체가 겹칠 가능성이 크다. 이런 패턴을 적용하면, 미국의 경기침체 기간이 평균 6~18개월이었음을 고려할 때 빠르면 올해 안에 대세상승장 1~2단계까지 진행되면서 전고점 부근까지 회복할 가능성도 있다.

다음 그림은 5차 대세상승기와 그 전후를 보여주는 그림이다.

5차 대세상승기 이전에 발생한 하락장(약세장)은 33개월로 아주 긴 편에 속한다. 1999~2000년에 동아시아의 외환위기가 절정에 이르자 미국의 대세상승장도 끝나고 본격적인 조정기에 접어든다. 조정폭이 처음에는 작았지만 시간이 갈수록 조정폭이 점점 커졌다. 조정기의 앞부

미국 5차 대세상승기(2003.6~2007.10) 분석

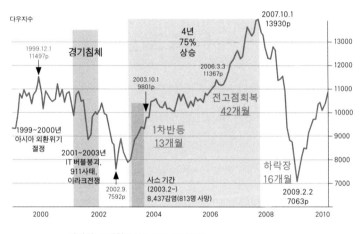

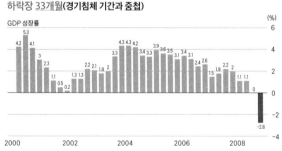

출처: TRADINGECONOMICS.COM

분에서 아시아 시장은 대폭락했지만 미국 주식시장에 주는 충격은 상대적으로 약했다. 동아시아의 위기는 미국 밖에서 벌어진 일이었으며, 당시에는 아시아가 세계시장에서 차지하는 비중이 지금처럼 높지 않았기 때문이다. 하지만 조정기가 진행되는 중에 미국에서 시작된 IT버블 붕괴와 911사태, 이라크 전쟁이 잇달아 일어나면서 경기침체가 한 번 더 발생했다. 겉보기에는 하나의 침체기로 묶이지만, 실제로는 두 번의 경기침체가 잇달아 발생한 셈이다.

이런 특징 역시 현재의 우리에게 중요한 한 가지 시사점을 준다. 이번 대세상승장에서 2단계 회복까지 일어난 후에 또 다른 위기가 발생해서 전세계 실물경제가 한 번 더 충격을 받는다면, 즉 5차 대세상승기 전의 약세장과 비슷하게 잇달아 경기침체가 발생한다면 1~2단계에서 회복한 주가지수를 전부 반납하고 최저점으로 되돌아가거나 3단계(박스권)의 진행 시간이 아주 길어질 가능성이 있다. 필자는 실물경제에 연속된 충격을 줄 사건이 생긴다면 그것은 중국의 금융위기가 될 것으로 본다. 이번 대폭락 이후의 상승장에서도 이 가능성을 늘 염두에 두어야 한다. 5차 대세상승기에서 1차 반등기는 13개월 걸렸고, 전고점 회복까지는 총 42개월 걸렸다. 그 이후 신고점을 찍은 후에 2008년 서브프라임 모기지 사태가 터지면서 50% 하락하는 대폭락장이 전개되었다.

다음 그림은 6차 대세상승기의 전반부를 보여주는 그림이다. 2008년 9월 15일 리먼 브라더스가 파산하고 미국 금융시스템이 붕괴했지만 하락장은 2007년 10월부터 서서히 시작되고 있었다. 이 당시 하락장은 경기침체 기간과 중첩되면서 16개월 정도 지속되었다. 리먼 파산부터 계산하면 5개월 정도 주식시장이 계속 곤두박질쳤다.

만약 코로나19 팬데믹의 수습이 생각보다 빠르고 오일전쟁이 극적으로 휴전한다면 2020년 2월부터 시작된 하락장(약세장)은 4월(총3개월 정도 소요)로 마무리될 가능성이 크다. 하지만 코로나19 수습이 늦어지고, 사우디아라비아와 러시아 간의 오일전쟁이 타협점을 찾지 못하고 오랫동안 지속되어 미국 하이일드채권시장의 붕괴를 불러오면 미국과 주요 선진국의 금융시스템이 크게 훼손되면서 하락장이 4~5개월 정도 연

미국 6차 대세상승기(2009.6~2020.1) 분석

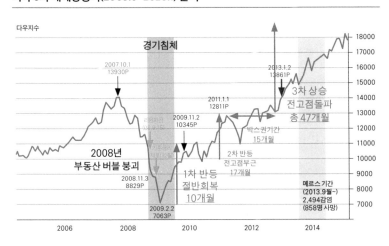

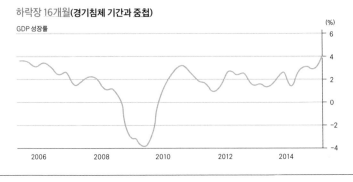

장될 가능성이 있다. 6차 대세상승기는 1차 반등기 10개월, 2차 반등기 17개월, 박스권 기간 15개월 걸렸고 3차 반등기 초입인 전고점 돌파까지는 총 47개월이 소요되었다.

FUTURE SIGNALS for INVESTING

4장

어디서 사고
어디서 팔아야 하나?

future signals

본격적 대세상승의 시작을 알리는
신호를 찾아라

지금까지 대폭락 → 바닥 → 대세상승기로 전개되는 주식시장의 단계별 특징과 패턴을 살펴보았다. 이제 시장이 바닥에서 탈출하는 신호, 대세상승기 안에서 펼쳐지는 각각 4개의 구간에 진입하는 신호가 무엇인지 살펴보자. 변화를 감지하는 데서 시작해 시장에 실현되기까지의 순서를 다시 떠올려보자.

먼저 본격적 대세상승기의 시작을 알리는 신호를 알아보자. 이는 바닥에 도달했다는 신호이자 동시에 바닥 탈출이 시작되었음을 알려주는 신호다. 대폭락이 끝나는 최저점의 주가나 발생 시간은 누구도 예측할 수 없다. 그러나 바닥의 시간이 가까워졌다는 신호는 알아챌 수 있다. 그 신호는 아주 분명하게 정해져 있기 때문이다. 이번에도 마찬가지다.

다음 그림은 5차 대세상승기가 끝나고, 2008년 부동산 버블 붕괴로 대폭락이 일어났을 때의 상황을 보여주는 그래프다. 그림에서 눈여겨

미국 6차 대세상승기(2009.6~2020.1) 분석

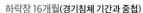

하락장 16개월(경기침체 기간과 중첩)

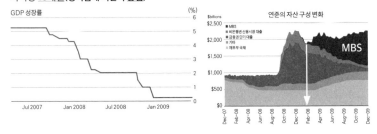

출처: TRADINGECONOMICS.COM | FEDERAL RESERVE

볼 지점은 2009년 2월 2일에 기록했던 다우지수 최저점인 7063이다. 리먼 브라더스 파산이 일어나기 전부터 미국 주식시장의 대조정(대폭락)은 서서히 시작되고 있었다. 다우지수는 2007년 10월 13930의 최고점을 찍은 후 하락하기 시작했다.

2008년 9월에 리먼 브라더스가 파산하자 미국 주식시장은 본격적인 대조정 국면에 진입했다. 전세계 주식시장도 한 순간에 대폭락 국면으로 빨려 들어갔다. 다급한 연준이 12월에 연방기준금리를 제로까지 내렸지만 시장은 더욱 더 미래에 대해 불안해하면서 추가 폭락했다. 그렇다면 무슨 사건을 계기로 바닥이 완성되고 바닥을 벗어나는 대전환이 시작되었을까?

이치는 간단하다. 당시 대폭락을 만들었던 근본적 문제에 대한 근본적 해법을 알리는 신호가 나오자 대폭락이 멈췄다. 그 신호를 시작으로 대세상승이 시작되었다. 앞 그림의 오른쪽 아래는 연준의 자산 변화를 나타내는 그림이다. 연준이 당시 모든 문제의 근원(부동산 관련 채권 부실)인 주택저당증권MBS, Mortgage Backed Securities을 '무한' 매입하기로 결정했다는 신호를 보내는 순간이 바닥이었다. (그림의 흰색 화살표 지점) 그것으로 시장 공포의 근원이 해소되고 바닥을 다지며 심리적 대전환이 일어나기 시작했다. MBS는 2008년 부동산 버블 붕괴로 인해 금융시스템이 무너진 주요 원인이었다.

MBS는 자산담보부증권의 일종인 파생상품이다. 예를 들어 은행이 먼저 주택을 담보로 만기 20~30년짜리 장기대출 해준다. 그러면 다른 금융기관이 은행의 장기대출채권을 사서 이걸 담보로 새로운 파생상품 증권을 만들어 파는데 이것을 MBS라고 한다. 2008년 부동산 버블이 붕괴하기 전까지 미국 금융기관들은 치솟는 부동산 시장에 올라타서 엄청난 양의 MBS를 발행하고 수수료로 큰 이익을 얻는 장사를 했다. 부동산과 이런저런 모양으로 연계된 파생상품이 미국을 비롯해서 전세계로 퍼져 나갔다. 그런데 부동산 버블이 붕괴하며 근원 자산에 해당하는 부동산 가격이 폭락하자 모래성처럼 모든 것이 한 순간에 무너진 것이 바로 2008년 금융위기의 본질이었다. 150년 역사를 자랑하는 리먼 브라더스를 비롯해서 수많은 은행과 투자회사가 파산하거나 구제금융을 받았다. 그 과정에서 시장에 엄청난 양의 MBS가 쏟아져 나왔지만, 너도나도 팔려고만 할 뿐 사려는 세력은 없었다. 시장이 감당하지 못하자, 부실 불똥이 여기저기로 튀기 시작했다. 부실 채권은 물론이고 정상 채권, 심지어 우량 채권 시장도 멈춰 섰다. 연준이 기준금리를 제로로 내려도 아무 소용이 없자 결국 근본적 해결책을 꺼내 들었다. 모든 문제의 근원인 MBS를 무한정 매입하겠다고 선언한 것이다. 시장이 망가지자, 연준이 매수 세력으로 직접 나서서 무한정 매입함으로써 시장을 안정시킨 다음에 시간을 두고 부실채권을 선별해가며 정리하겠다는 신호였다.

2개의 출발 신호를
확인하라

"모든 위기는 근본적 해결책이 나오고 난 후에 반등이 시작된다."

이번에도 마찬가지다. 언제가 바닥일지는 근본적 해결책이 언제 나올지에 의해 결정된다. 근본적 해결책이 늦게 나올수록 대폭락의 폭은 더 커지고 그만큼 대세상승장의 시작도 늦어질 것이다.

그러면 2020년 대폭락에 대한 근본적 해결책은 무엇일까? 대폭락장에서 연준은 MBS 무제한 매입 카드를 꺼내 들었다. 최근 미국 부동산 펀드(리츠)에서 상당 규모의 자금이 이탈하면서 미국 주택저당증권MBS 리츠 지수도 한 달 만에 60% 하락했다. 연준이 MBS 매입 카드를 꺼내든 이유다. 부동산 시장은 철강, 운송 등 관련 산업과 금융은 물론 고용 등 경제에 전방위로 얽혀 있는 분야이기 때문에 충격이 확산하지 않도록 선제 대응한 것이다. 그런데도 시장은 MBS 매입 조치를 발표한 직후에 더욱 하락했다.

이유는 무엇일까? 이번 대폭락의 근원이 MBS가 아니기 때문이다. 2020년 초 대폭락의 근본 원인은 지나치게 늘어난 기업 부채다. 그 중에서도 신용평가 기준 투기등급(BBB- 이하, 일명 정크본드)과 투자적격 등급이지만 약간의 충격으로도 투자부적격(투기) 등급으로 추락할 수 있는 투자적격등급의 하단에 위치한 기업의 부채가 핵심이다. MBS는 그 다음 문제이다. 시장도 그것을 잘 알고 있기 때문에 연준의 기준금리 제로와 MBS 무제한 매입 정책에도 투매를 지속했다.

더욱이 대폭락의 방아쇠를 당기고 기업 부채 문제를 더 증폭시킨 코로나19 팬데믹과 오일전쟁이 겹쳐 있다. 코로나19와 오일전쟁이 실물경제에 충격을 일으켰고, 실물경제의 충격이 잠재해 있던 대규모 기업부채 문제를 강타해서 달러 유동성 문제를 일으켰다. 이번 위기가 과거의 위기들과 다른 이유가 여기에 있다. 근본적 해법이 금융과 실물경제 두 영역에서 모두 나와야 한다. 즉, 대세상승기 출발을 알리는 신호가 2개라는 의미다.

지금까지 5번의 대폭락은 금융이든 실물이든 한 영역에서 발생한 문제가 위기의 근본 원인이 되는 경우가 일반적이었다. 각각 오일쇼크, 주기적으로 반복되는 실물경기의 대침체, 기업 부채, 부동산 가격의 폭락으로 인한 금융상품의 대규모 부실 등 어느 한 가지가 근본 원인이었다. 물론 위기가 발생하면 금융과 실물경제가 모두 충격을 받았다. 그러나 금융위기가 실물경제의 위기를 파생시키거나, 실물경제의 위기가 금융위기를 파생시키는 패턴이었다. 즉 한 쪽이 원인이고 다른 한 쪽이 결과였기 때문에, 한 쪽만 해결하면 다른 한 쪽이 자연스럽게 해결되었다. 그래서 과거에는 근본 해법이 하나였다.

그러나 2020년 위기는 다르다. 금융의 문제(기업 부채)가 실물경제를 타격하고, 실물경제의 문제(코로나19 팬데믹과 오일전쟁)가 금융을 흔들며 위기를 더욱 더 증폭하고 있다. 서로가 서로에 대해 원인이자 결과로 작용하고 있는 것이다. 그래서 근본적 해법이 양쪽에서 다 나와야 한다. 한 쪽 문제를 해결하면 시장의 공포가 절반은 해소되겠지만, 과거와 달리 다른 한 쪽 문제가 자연스럽게 해결되지 않는다. 물론 절반의 해결책만으로도 추가로 대폭락하는 것은 막을 수는 있겠지만, 바닥을 찍고 대세상승장이 시작되었음을 알리는 총소리는 울리지 않는다.

대세상승이 시작되었음을 알리는 신호 2가지는 다음과 같다.

금융 영역: 달러 유동성의 근본적 해결

실물경제 영역: 코로나19 팬데믹과 오일전쟁 탈출

2가지 근본적 해법의 출현을 알리는 신호를 포착하기 위해서는 5개의 중요 시점에 주목할 필요가 있다. 첫 번째 근본적 해결책(금융 영역)인 '달러 유동성' 문제의 해결은 시장의 공포감을 낮추고 대세 전환을 알리는 신호와 연관된다. 이 신호가 나오면 최저점 근처에 거의 도달했다고 추정할 수 있다. 달러 유동성 문제의 근본 해법은 미 연준과 미국 정부에 달려 있다. 1차로 주목할 시점은 코로나19 사태에 대응하는 '미 정부와 연준의 추가 구제책' 발표였다. 발표 시점도 중요하지만 내용이 더 중요하다. 구제책이 시장이 원하는 수준을 넘어서야 한다. 시장이 달러 유동성 위기와 연관되어 있다고 알고 있는 모든 공포를 해소할 수 있는 내용이 나와야 두려움이 극적으로 누그러진다. 달러 유동성 문제에 대한 두려움이 극적으로 누그러진 만큼 추가하락 폭이 작거나 속도가 늦춰질 수 있다.

2020년 3월 24일(미국 동부시각) 다우지수가 87년만에 하루 최대 상승률(11%)을 기록한 것은 달러 유동성 문제 해결의 가능성을 알리는 중요한 신호 중 하나가 나왔기 때문이다. 달러 유동성 문제에 대한 근본적 해법을 알리는 신호는 2가지인데 그 중 하나는 정부의 정책이다. 2조 2천억달러에 이르는 미국 정부의 긴급구제 방안은 소비시장의 마비, 기업 파산과 실업률에 대한 방어력을 가늠하는 신호였다. 미국 정부가 내놓을 수 있는 구제책은 거의 나온 듯하다. 그리고 주식시장에 이미 반영되었다.

또 다른 신호는 미 연준의 긴급구제 방안으로, 금융시스템 붕괴를 막을 수 있는 방어 능력을 가늠하는 신호가 될 것이다. 특히 이번 사태에서 가장 중요한 것은 회사채 부실 문제를 해결하는 것이다. (이 부분은 한국도 비슷한 문제를 안고 있다) 미 연준과 미 정부는 계속 문제를 해결하겠다는 신호를 시장에 보낼 것이다. 하지만 신호가 좋은 신호인지 나쁜 신호인지를 읽어내야 한다. 좋은 신호는 시장의 기대만큼 혹은 기대치를 넘어서는 내용이고, 나쁜 신호는 시장의 기대에 못 미치거나 원하는 '바로 그것'을 내놓지 않는 것이다.

2020년 3월 23일 기준으로 연준은 제로금리, 국채와 MBS 무제한 매입 등의 양적완화QE 재개, 투자적격등급 회사채 매입(최초), 통화스와프 대상국가 확대, 기업어음CP 매입기구 설치, 프라이머리 딜러(국고채 전문 딜러) 신용공여제 재도입, 머니마켓뮤추얼펀드 유동성 주입 장치 가동,

개인과 중소기업 자산을 담보로 발행된 ABS(자산유동화증권)를 매입할 자산담보부증권 대출 기구 재설치 등 2008년 금융위기 당시의 위기 수습책을 넘어선 카드를 내놓았다. 이 신호들은 현금 확보를 위한 투매를 진정시킬 수 있는 수준일 뿐 시장의 우려를 근본적으로 잠재울 수 있는 수준의 신호는 아니었다. 시장은 상당수 기업들이 3개월 이상 위기가 지속되면 이 정도 구제정책으로는 버티기 힘들 것을 우려한다.

달러 유동성 위기의 근본적 해결을 위해 시장이 기다리는 핵심 신호는 '연준의 회사채 무제한 매입' 발표일 수 있다. 시장이 두려워하는 것은 신용도 높은 회사채가 아니다. 시장이 원하는 것은 문제의 핵심 원인인 투기등급 채권이나 앞으로 투기등급으로 추락할 채권에 대한 방어 능력이다. 여기에 대해 연준이 신호를 보내야 한다.

연준이 4월 9일(미국 동부시각) 2조3천억달러에 달하는 기업 및 지방정부에 대한 지원 방안을 발표하며 3월 22일 기준으로는 투자등급이었다가 그 이후 투기등급으로 떨어진 기업의 채권과 이들 회사채에 투자하는 상장지수펀드ETF를 매입하겠다고 발표했다.

미 연준이 회사채 외에도 매입 대상을 더 넓혀야 한다는 주장까지 등장했다. 그러나 현행 미국의 법률은 연준이 매입할 수 있는 상품으로 '미국 정부기관에 의해 원금과 이자 지급이 완전히 보장되는 채무 증권'으로 한정하고 있다. 그래서 회사채 매입도 재무부의 보증을 바탕으로 한 특수목적법인 설립이라는 우회로를 만들어서 실행한다. 일본 중앙은행이 상장지수펀드 매입을 한 것처럼 연준이 개입하려면 재무부의 요청과 의회의 법 개정이 필요하다.

2020년 3월말 현재, 미국 회사채 시장의 규모는 9조달러 이상이고,

이 중 투자등급 채권이 4조5천억달러이다. 차입 비중이 높거나 신용등급이 낮은 미국 기업의 대출과 회사채는 2조8000억달러이고 이 중 투기등급 채권이 1조2000억달러이다. 약 1조6000억달러의 투자등급 회사채가 투기등급으로 추락할 위험이 있다는 뜻이다. 투기등급인 정크본드의 15%는 셰일가스 기반의 에너지기업 채권이다. 나아가 낮은 등급의 기업 대출을 가공해서 미국과 유럽에서 발행한 대출채권담보부증권CLO 규모도 7000억달러에 이른다. 여기에 연쇄적으로 부실화할 가능성이 있는 파생상품들을 포함한다면, 연준이 발표한 국채 매입까지 포함된 4조달러 규모의 구제책은 코로나19 팬데믹으로 인한 경제 마비 상태(글로벌 락다운)가 2~3개월 이상 장기화할 경우에 대한 시장의 두려움까지 누그러뜨리기에는 충분치 않다. 설상가상으로 4월 12일 OPEC+가 사상 최대 규모인 1일 생산량 970만 배럴 감산에 합의했음에도 넘치는 재고와 팬데믹으로 인한 수요 위축으로 인해 국제 유가는 20달러 선마저 붕괴한 상태에서 쉽게 반등하지 못하고 있다.

미국 회사채 시장 규모(10억달러)

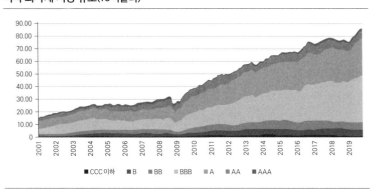

출처: CPR AM, Datastream

코로나19 사태가 길어지면, 기업들의 신용등급도 계속 하락한다. 무디스는 2019년 10월에 포드의 신용등급을 투기등급인 Ba1으로 내렸는데, 2020년 3월 25에 Ba2로 한 단계 더 강등했다. 신용평가사 S&P도 포드의 신용등급을 기존 BBB-(투자등급)에서 BB+(투기등급)로 한 단계 낮췄다. S&P는 백화점 메이시스, 셰일가스회사 옥시덴털 페트롤리움과 델타항공 등의 신용등급도 투기등급으로 떨어뜨렸다. 2020년 3월 24일, 피치는 보잉의 신용등급을 'A-'에서 투자등급의 마지막 단계인 'BBB'로 2단계 낮췄는데 한 단계만 더 떨어지면 투기등급 회사가 된다. 투기등급이 되면 연기금 등 기관투자자들이 보잉 주식을 매도하게 된다. 위험관리 내부규정에 따라 투기등급채권을 보유할 수 없기 때문이다. 이들이 투매한 투기등급 채권(정크본드)은 그 누구도 매수하려고 하지 않을 것이다. 결국 유일하게 남은 매수 주체는 연준이다. 연준이 매수를 거부하면 투기등급 기업은 자산을 팔고 대규모 해고를 비롯한 강력한 구조조정을 실시해야 한다. 이럴 경우 부실기업발 위기가 다른 금융상품이나 경제 영역으로 전이되며 위기가 커진다.

투자등급에서 투기등급으로 강등된 기업을 타락천사Fallen Angel라고 부르는데, 미국에서 2019년 13개였던 기업 수가, 2020년 1분기에만 10여 개로 늘었다. JP모건은 2020년 한 해 동안 '타락천사'가 될 채권 규모가 2150억달러에 이를 것으로 전망하고 있다. 지금까지 규모가 가장 컸던 해인 2005년 1000억달러의 두 배가 넘는 규모다. 2008년 이후, 미국 기업 부채는 두 배가량 증가해 10조달러(2019년 기준)를 넘었다. 이 중에서 투기등급 직전 단계BBB의 회사채 규모는 3조7000억달러로 규모로 투자등급 채권의 53%다. 이는 글로벌 금융위기 발발 직전인 2007년의 8000억달러보다 4.6배 큰 숫자이다. 코로나19 팬데믹으로 락다운으로 (나아가 락다운이 해제되더라도 글로벌 경기 위축과 이동 제한으로 영업이 위축되는 기간이 길어지면) 상당수의 투기등급 직전 회사채가 투기등급으로 전락하여 하이일드시장에서 상당 규모의 파산이 이루어질 것이다.

연준이 일부 타락천사를 구제하는 것을 넘어 투기등급 채권을 무제한 매입하겠다는 추가 구제안을 발표하지 않으면 금융시스템 붕괴에 대한 우려가 다시 고개를 들 가능성이 크다. 이미 뉴욕 채권시장에서는 현재 위기가 길어져도 현금흐름을 유지할 수 있는 기업, 투자등급을 유지하면서 연준의 회사채 매입 정책의 수혜를 받을 수 있는 기업, 투기등급으로 추락해도 정부가 직접 구제할(혹은 국유화할) 가능성이 있는 기업, 그리고 나머지 파산할 기업 등을 선별하는 작업이 진행 중이라는 이야기가 돌고 있다.

트럼프 행정부가 시행하는 2조달러 예산의 1차 수퍼 부양책에 대해서도 월가와 경제계는 단지 최악의 위기를 피할 수 있는 수준으로 평가했다. 2조달러 중 절반은 대출이며, 정부가 직접 나눠주는 돈은 GDP의 5%에 불과(?)하다. 이는 완전 마비 상태에 빠진 미국 경제에 1~2개월 정도 산소호흡기를 달아줄 수준이라는 평이다. 중소기업 지원 예산 3490억달러는 499명 이하의 직원을 가진 회사만 대상으로 한다.

미국 정부는 병원을 위해 1000억달러의 예산을 책정했지만, 일선에서 코로나19와 싸워야 하는 병원에게 당장 급한 것은 돈보다도 부족한 의료 물품 공급 문제의 해결이다. 크리스 머피와 브라이언 섀츠 의원이 필수적 의료 공급망을 국유화하는 법안을 제안했지만 상원을 통과하지 못했다. 현재 병원과 의사들은 기업들에게 필요한 의료 물품을 제조하도록 강제 명령을 내릴 것을 요구하고 있다. 필수 의료 물자가 뉴욕을 비롯해서 중대 재난 지역에 적시에 공급되지 못하면 의료시스템이 붕괴해서 이탈리아처럼 최악의 상황으로 치달을 수 있기 때문이다.

2008년 글로벌 금융위기 당시 전세계에 걸쳐 2200만 실업자 발생했다. 미국이 2020년 3월 16일 셧다운 조치를 취한 이후 4주 동안 미국에서만 2200만 명이 일자리를 잃었다. 그에 따라 개인 소비도 최소 8600억달러~최대 3조4000억달러 감소가 예상된다. 반면 정부가 지급하는 주당 600달러의 추가 실업 수당, 소득 7만5000달러 미만 개인에게 지급하는 1200달러는 밀린 집세나 한두 달 생활비에 불과하다. 특단의 조치가 취해지지 않으면 2~3개월 안에 전세계 항공사의 상당수가 파산할 가능성이 제기될 정도이다. 현재 수준에서도 코로나19로 전

하이일드채권 주간 자금 동향

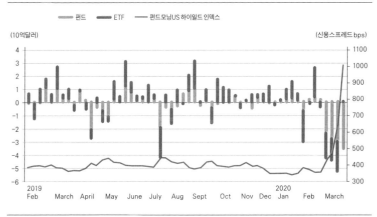

출처: Morningstar Direct. Fund flows as of 3/18/20 and credit spread as of 3/20/20.

지난 한 달 동안 고위험-고수익(High-Yield Corp Bond Fund) 시장에서 기관투자자와 개인투자자들로부터 엄청난 매도 압력이 있었다. 3월 18일에 끝나는 한 주 동안 하이일드 펀드와 ETF에서 5주 연속 유출이 있었다. 지난 5주 총 유출액은 이전의 유입액보다 175억 달러가 더 많으며, 지금까지 144억 달러가 하이일드 시장에서 회수되었다. 이는 2009년 4월 데이터 추적을 시작한 이후 5주 동안 등록된 유출량 중 가장 큰 것이다.

세계 기업이 12조달러(약 1경5300조원) 규모의 손실을 입을 것으로 추산
된다.

이런 상황을 종합하면 미국 정부의 2차 수퍼 부양책이 나와야 할 상
황이다(이것도 하나의 신호가 될 것이다).

2차로 주목할 시점은 코로나19 충격이 반영된 미국을 비롯한 주요
국가들의 '경제지표' 발표다. 일단 2020년 2월 제조업 PMI 지수는 시장
의 예상대로 처참한 숫자가 발표되었다. 역사상 최저치다. 그 결과 3월
24일 역사적인 기록으로 폭등한 다음날 다우지수는 2%대로 상승폭이
낮아졌고, 기술주 중심의 나스닥지수는 33.56포인트(0.45%) 하락했다.
4월부터 중요한 경제지표들이 계속 발표된다. 대부분 코로나19로 인해
미국이나 유럽 주요국이 락다운에 들어가기 이전 기간에 대한 지표들

주요국 PMI 추이

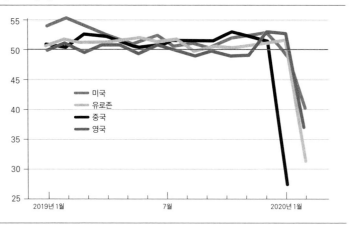

※ 50 이하면 활동 수축 의미
출처: IHS마킷·FT

2020년 3월 PMI, 유럽과 미국이 락다운 되기 이전임에도 미국, 유로존(유로회사용 19개국), 영국 제조업지수(PMI)
심각하게 감소. (미국 39.1, 유로존 28.4, 영국 35.7, 1990년대 IHS마킷이 관련 통계 집계 시작 이후 최저치)
복합지수도 미국은 2월 49.6에서 3월 40.5, 유로존은 51.6에서 31.4, 영국은 53.에서 37.1로 추락 → 4월 이후 더욱
하락할 가능성이 아주 높음.

이다. 4월에 발표되는 지표들이 상상을 넘어서는 충격을 줄 수 있다. 이런 지표들을 기반으로 한 2020년 수정경제전망치는 우려를 더욱 증폭시킬 수 있다. 대세상승장이 시작되려면 미국이든 한국이든 주식시장은 이런 충격적인 지표와 전망을 견뎌내는 시간을 거쳐야 한다. (아마 독자들이 이 책을 손에 들게 될 때쯤은 충격의 규모가 더 커졌을 가능성이 매우 크다. 그 충격은 대세상승기 중 2차 반등기의 형태와 직접 연관된다)

코로나19발 실업 대란은 2분기(4~6월)에나 정점에 도달할 것으로 예측된다. 그때까지 매주 나오는 실업률 지표는 투자시장에 작지만 아픈 펀치를 계속 날릴 것이다. 제임스 불러드 세인트루이스 연방은행 총재는 최악의 경우 실업률이 30%에 이르는 전례 없는 위기 상황이 올 수 있다고 경고했다. 골드만삭스는 좀더 현실적인 수치로 9%(이것도 3월 4.4%의 2배가 넘는다)의 실업률 전망치를 발표하며 가을이 되어서야 실업률 하락세가 뚜렷하게 나타날 것이라고 전망했다. 실업 문제를 해결하지 못하면 경기침체 기간이 길어진다. 경기침체 기간이 길어질수록 기업 매출과 이익, 경제성장률 전망이 추가로 하락한다. 그만큼 대세상승기의 2차 반등 구간이 길어지고 속도가 늦어질 수 있다.

4월부터 발표되는 2020년 1분기 대기업 실적을 비롯한 여러가지 실적 지표가 시장에 충격을 줄 것이다. 미국, 중국, 일본, 유럽 등 3월 제조업과 서비스 PMI(구매관리자지수)나 무역수지 지표를 비롯해서 주요 기업의 3월 실적이 (실업률처럼) 충격적 숫자를 기록하면, 2분기 충격에 대한 공포감이 극대화될 것이다. 여기까지는 어느 정도 예상할 수 있다. 진짜 문제는 4월이 넘어서도 출구 전략 없이 짙은 안개에 갇혀 있는 형국이 이어지는 경우다. 그러면 투자자들이 2~3분기 미국 기업의 수익이 어떻게 될지를 가늠하기 힘들어진다. 그만큼 불안감이 커진다.

가장 먼저 코로나19 사태의 종식을 선포할 준비를 하고 있는 중국마저도 경제성장률 전망치가 계속 하락하고 있다. 시진핑 주석은 2020년에는 농촌의 빈곤 문제까지 해결해서 모든 국민이 풍족한 삶을 누리는 전면적 샤오캉 사회를 건설하겠다고 공언하며, 2020년의 GDP를 2010년의 2배로 늘리겠다고 공언했다. 이를 위해서는 2020년 경제성장률 5.6%라는 숫자가 필요하다. 하지만 2020년 3월말 기준 중국 내외 전문기관들이 발표한 중국의 올해 경제성장률 전망치는 역대 최악이다. 중국 밖의 기관들은 JP모건의 최저치 1.1%부터 노무라증권의 최대치 4.8%까지 줄줄이 하향조정하고 있다. 중국계 기관인 중금공사CICC조차도 전망치를 기존 6.1%에서 2.6%로 대폭 하향했다. 중국 국가통계국은 1~2월 중국 공업 이익이 4107억위안으로 2019년 동기 대비 38.3% 감소했다고 발표했다. 관련 통계 발표 이후 최악의 수치이다. 1~2월 공

코로나19 사태로 위협받게 될 미국의 3700만 일자리

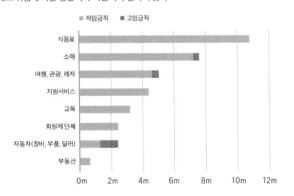

산업별로 단기 해고 위험에 처한 생산직과 비관리직 일자리 숫자

출처: Job Quality Index

업 분야 연 매출 2000만위안 이상 기업들의 매출액도 11조6200억위안으로 2019년 동기 대비 17.7% 감소했다. 이런 수준이라면 앞으로 몇 번 더 전망치를 낮출 가능성도 배제할 수 없다.

전세계에서 가장 먼저 코로나19 사태의 종식 선언을 준비하고 있는 중국의 경제지표가 이렇다. 미국, 유럽, 일본, 인도 등은 이제 시작이다. 2020년 3월 27일(미국 동부시간) 국제신용평가사 무디스는 코로나19 감염이 빠르게 확산 중인 남아프리카공화국의 국가 신용등급을 'Baa3'에서 'Ba1'(투기등급)으로 강등하고, 신용 전망도 '부정적'으로 유지했다. 피치는 영국의 신용등급을 'AA'에서 'AA−'로 내렸고, 등급 전망도 '부정적'으로 유지했다. 2020년 미국 경제성장률 예상치(2분기만으로 충격을 최소화할 경우를 전제로)도 최선의 경우 0%(2002년 IT버블 붕괴 당시의 수준)에서 최악의 경우 −3.8%(2008년 금융위기 당시 수준)까지 악화할 것으로 거론된다.

한국의 경제성장률 전망치도 무디스 0.1%, S&P −0.6%, 영국 캐피털 이코노믹스 −1.0%로 계속 낮아지고 있다. 2020년 3월 30일, 노무라 증권은 한국 경제성장률 전망치를 (기존 전망치 1.4~0.2%) 세계금융시장에서 심각한 신용경색이 발생할 경우 −5.5~−12.2%까지 대폭 하락할 수 있다고 경고했다.

암울해 보이는 이 모든 전망치들도 코로나19 팬데믹으로 인한 글로벌 셧다운 상태가 1~2개월 안에 해결된다는 기대를 바탕으로 나온 숫자들이다. 기업이든 국가든, 돈은 벌지 못하고, 기존 채권 만기는 도래하는데 신용등급마저 하락하면서 부채가 문제가 된다. 그만큼 금융시장의 스트레스(공포지수)가 높아지고 부도 가능성이 커지면 주식가치도

코로나19 이후 GDP 성장률 전망

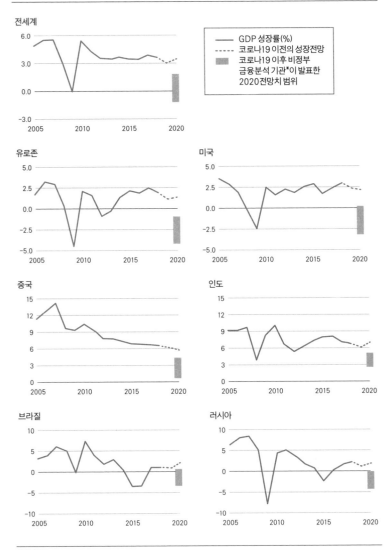

전세계

GDP 성장률(%)
코로나19 이전의 성장전망
코로나19 이후 비정부 금융분석 기관*이 발표한 2020전망치 범위

유로존

미국

중국

인도

브라질

러시아

출처: IMF
*Brookings, Bloomberg, OECD, Goldman Sachs, Oxford Economics, JP Morgan
Copyright Straftor 2020

추가로 하락할 것이다. 앞으로 국제신용평가사들은 각국의 기업뿐만 아니라 국가의 신용등급도 줄줄이 낮출 가능성이 크다.

대세상승은
이렇게 시작된다

앞에서 금융영역에서 나와야 하는 근본적 해법, 즉 달러 유동성 공포(의 해소에 따른) 대세 전환을 알리는 신호를 살펴보았다. 이들 신호가 나오면 최저점 근처에 거의 도달했다고 추정하면 된다. 이제 완전히 바닥을 다지고, 곧바로 대세상승기로 전환한다는 '시장 기대감의 대세 전환' 신호를 알아보자. 이 신호는 코로나19 팬데믹과 오일전쟁에서 나오는 실물경제 영역에서 나오는 신호이다. 이 신호들은 4~5월 사이에 나올 것이다. 2번째 근본적 해법을 알리는 신호의 추적을 위해 주목해야 할 시점은 3가지다.

1차로 주목할 시점은 미국이 코로나19 '전염곡선 정상부 억누르기 flattened the curve'에 성공하는 시점이다. '전염곡선 정상부 억누르기'는 전염병학에서 확산 방지 전략 중 하나다. 전염병 발발 초기에 확산 방지에 실패하면 감염자 증가 곡선이 단기간에 뾰족한 고깔 모양을 보인다.

이후 정부가 강력한 사회적 거리 두기 등의 대응책(휴교, 휴업, 국경 폐쇄, 전국민 자택 대피령 등)을 실시하면 전염병 곡선의 뾰족한 정상 부위를 납작하고 완만하게 만들 수 있다. 이것을 전염곡선 정상부 억누르기라고 부른다.

2020년 3월 26일(미국 동부시간)에 뉴욕, 캘리포니아, 워싱턴 3개주를 중대 재난 지역으로 선포하는 것을 시작으로 코로나19 확산 사태는 걷잡을 수 없는 상황으로 치닫고 있다. 미국인 절반 가량이 자택 대피령을 받은 상태이며, 일본과 인도에서도 감염자가 폭증하고 있다. 코로나19 사태가 종식되려면 2020년 겨울이 지나야 할 것으로 예측되지만, 4~5월이 중대한 분수령이 될 것이다. 이는 주식시장이 추락을 멈추고 대세상승으로 나가는 마지막 관문이다. 하지만 4~5월에 한 발만 삐끗하면 추가 폭락이 발생할 가능성도 충분하다.

미국과 유럽이 언제 코로나19 확신의 피크에 도달할지, 언제 통제 가능한 수준에 도달했다고 선언할 수 있을지 4~5월에 판가름 난다. 그에 따라 경제활동이 정상으로 회복되기 시작하는 시점도 결정된다. 일본과 인도 등 다음 위험 국가의 충격이 중국, 이탈리아, 한국 중에서 어떤 사례를 따라갈지도 이 기간에 결정된다. 인도는 그 자체의 인구도 엄청나지만, 인도가 국경 혹은 전국을 봉쇄하면 전세계 의약품 공급망에 심각한 영향을 준다. 중국이 세계 제조업의 공장이라면, 인도는 글로벌 의약품 공급 시설의 핵심이다. 미국의 제약 기업은 특허권만 가지고 핵심 원료는 중국에서 공수하고 약품 제조는 인도에서 하는 글로벌 공급 체인을 구축하고 있다. 세계 복제약의 절반, 미국 일반 의약품 물량의 40~50%가 인도에서 생산된다.

주식시장에 초점을 맞추면 그 어느 나라보다 미국 내 코로나19 상황이 중요하다. 미국의 상황과 관련해서 주목해야 할 시점은 3가지다. 전염곡선 정상부 억누르기 성공 시점, 피크 도달(골든 크로스) 시점, 통제 가능한 상황 선포 시점이다. 이 중 가장 중요한 것은 첫 번째인 '전염곡선 정상부 억누르기 성공' 시점에 언제 도달할 수 있느냐이다. 이는 주식시장에 가장 결정적 신호가 될 것이다.

'전염곡선 정상부 억누르기'는 속도가 생명이다. 성공 시점이 늦어질 때 발생할 수 있는 가장 큰 위험은 '의료 시스템의 붕괴'다. 감염자 수가 국가 전체의 병상, 의료기기, 의료진 수 등을 넘어서면 완만하게 늘어나는 후속 확진자들까지 적절한 치료 서비스를 받지 못해 사망자 수가 비정상적으로 증가하게 된다. 이탈리아는 정상부 억누르기 시점이 중국보다 늦은 사례다. 미국의 정상부 억누르기 성공 시기가 중요한 것은 '의료시스템 붕괴'가 발생할지 아닐지를 결정짓는 핵심 변수이기 때문이다. 특히 세계 금융의 중심지인 뉴욕의 상황이 중요하다. 미국은 인구 1000명당 병상 수가 2.8개로 이탈리아(3.2개)보다 적기 때문에 안심할 수 없다. 현재 뉴욕과 워싱턴 주는 감염자 증가 수위가 의료시스템을 압도하기 시작했다. 뉴욕 의료시스템의 붕괴 소식이 전해지면 주식시장은 큰 충격을 받을 것이다. 경제 침체가 장기화할 것이란 우려도 높아질 것이다. (이 경우에는 대세상승기 패턴에도 변화가 일어난다) 미국 내에서 혹은 가장 심각한 상황에 처해 있는 뉴욕 주에서 이런 사태가 벌어지면 미국은 이탈리아와 비슷한 길을 가게 된다. 당연히 피크 도달(골든 크로스) 시점이 늦어지면서 락다운 기간도 늘어난다.

이 글을 쓰고 있는 3월 말 현재 뉴욕 상황이 심각하다. 환자가 폭증하면서 심장충격기가 방전되고, 시신이 넘쳐서 병원 한쪽에 냉동 트레일러를 설치하는 형편이다. 세계 최고의 번화가였던 뉴욕은 구급차와 경찰차 사이렌만 울리는 텅 빈 도시가 되었고, 응급 전화는 9·11 이후 최고로 많이 쏟아지고 있다. CNN은 "지옥문이 열렸다. 미국 병원들이 코로나 환자에 짓눌리고 있다"고 보도했다. 문제는 뉴저지, 캘리포니아, 뉴올리언스(사망률 1위로 급부상), 플로리다 등 미국 주요 지역에서 연쇄적으로 지역 감염이 폭증 추세를 보이고 있다는 점이다. 쿠오모 주지사는 뉴욕 주에서 앞으로 목표로 하는 병상 규모를 14만개로 발표했다. 현재까지 코로나19 확진자 중 20%가 입원 치료를 필요로 했다는 것을 기준으로 하면, 누적확진자 수를 70만명까지 전망한다는 말이다. 현재까지 뉴욕 주가 확보한 병상은 5만3000개뿐이다. 자칫하면 뉴욕 주의 의료시스템이 붕괴하는 참사가 현실이 될 수도 있다. 캘리포니아 주정부도 코로나19 환자용 병상 5만 개가 추가로 필요하다고 밝혔고, 개빈 뉴섬 캘리포니아 주지사는 자택 대기령을 6월 중순까지 연장할 수 있다는 의사를 내비쳤다. 트럼프 대통령이 뉴욕 주 전면 봉쇄를 잠시 거론했다가 반대에 밀려 철회했지만, 플로리다와 뉴욕은 물론이고 뉴저지주와 루이지애나주에서 오는 여행객 모두에게 14일간 자가 격리 의무를 강제하는 행정명령을 발동했다. 텍사스 주, 매사추세츠 주와 웨스트버지니아 주도 같은 조치에 나서면서, 주 방위군과 현지 경찰을 동원해 주 진입 고속도로의 검문을 강화하고 있다. 미국 내에서도 여행을 비롯한 각 주state 간의 경제 교류가 멈춰 설 지경이다. 2020년 3월 29일 (현지시간), 미국 국립보건원 산하 국립알레르기·전염병 연구소NIAID 앤서니 파우치 소장은 코로나19로 인해 미국 내에서만 앞으로 수백만 명의 감염자와 10만명 넘는 사망자가 발생할 가능성이 있다고 경고했다. 만약 4월을 넘어 5~6월까지 미국 경제의 셧다운이 지속된다면, 추가 구제안이 나와야 할 것이라는 우려가 점점 높아지고 있는 이유다.

그나마 미국의 다른 지역들은 검사 규모와 속도가 향상되고, 강력한 '사회적 거리두기'를 시행하고 있어 미국 전역에서 의료시스템 붕괴 사태가 도미노처럼 일어날 가능성은 낮다. 유럽도 상황이 악화하고 있지만, 최후의 보루인 독일이 확진자 수는 증가하지만 치사율을 0.4%로 낮게 유지하면서 의료시스템의 붕괴를 막고 있어서 최악을 피할 가능성이 커지고 있다. 참고로 2020년 3월 23일 기준, 각국의 치사율은 한국 1.17%, 미국 1.26%, 독일 0.4%, 중국 1.4%, 프랑스 3.9%, 이탈리아 9.0%, 스페인 6.0%, 이란 7.8%이다. 각국 혹은 특정 지역에서 의료시스템 붕괴가 일어나는지를 파악할 수 있는 중요 신호는 사망률이다. 미국과 독일의 치사율이 높아질수록 의료시스템 붕괴 두려움도 높아질 것이다.

현재 월가의 관심도 대규모 구제안에서 코로나19의 상황 예측으로 이동하고 있다. 월가는 미국을 비롯해서 이탈리아, 중국의 코로나 바이러스 진전 상황을 유심히 보고 있다. 중국 정부는 4월 혹은 5월로 연기된 양회(전국인민대표대회와 전국인민정치협상회의를 합해서 양회라고 하며 매년 3월에 열리는 중국 최고의 정치행사)에서 코로나19와의 전쟁 승리를 선언하려고 한다. 그러나 중국에서 통제되거나 종식된 줄 알았던 코로나19 감염 사태가 재발할 경우, 월가는 코로나19 팬데믹이 사회 경제 전반에 영향을 주는 기간을 더 늘려 잡아야 한다. 월가는 미국의 코로나19 사태가 한국, 중국, 이탈리아 중 어떤 모델과 비슷하게 전개될지를 유심히 관찰 중이다. (현재로서는 한국 모델보다는 중국이나 이탈리아 모델로 수렴

할 가능성이 더 크다. 즉 코로나19가 수습되는 기간이 한국보다 길어질 가능성이 크다)

월가의 대체적인 예상은 미국 내 감염자 증가 곡선이 4월 중순에 15만명 부근에서 정점에 도달할 것으로 보고 있다. 현재 미국 주식시장은 이런 전망을 근거로 더 폭락하지 않고 버티는 중인 듯하다. 하지만 최근 전문가들의 의견은 '선방해야' 미국 내 감염자 증가 숫자가 30~40만명 수준에서 정점에 이르고, 증가 커브도 예상보다 높고 길게 그려질 것이라는 쪽으로 기울고 있다. 월가에서도 경제의 반등 곡선을 처음에는 V자 형으로 회복할 것이라는 전망에서 점차 U자 형, L자 형 쪽으로 기울고 있다. V자는 짧게 침체했다가 곧바로 회복하는 경로, U자는 침체기가 조금 길게 이어지며 회복하는 경로, L자는 급격한 침체가 발생한 후 반등하지 못하고 침체가 계속 이어지는 경로를 가리킨다.

앞으로는 코로나19 사태의 양상이 모든 변수의 향방을 결정하는 핵심 변수로 작동할 가능성이 크다. 참고로 2020년 3월 26일, 영국 임페리얼 칼리지 런던 대학 연구팀이 코로나19의 현재 확산 추세 데이터, 치사율 추정치, 주요 국가 인구 및 사회적 요인 등을 변수로 잡아 예상 피해 규모를 시뮬레이션한 결과를 발표했다.

시뮬레이션 1. 각국이 코로나19의 확산을 방치하는 최악의 상황이라면 2020년 1년 동안 세계 인구 77억명의 대다수가 감염되고 4000만명이 사망
시뮬레이션 2. 각국이 코로나19의 확산을 막기 위해 강력한 조치(진단 검사와 감염자 격리, 사회적 거리두기 등)를 조기에 실행하는 상황이라면,

2020년 1년 동안 확진자 4억7000만명, 사망자 186만명(일주일에 인구 10만 명당 0.2명 / 2009년 신종 인플루엔자 사망자 대비 3~12배 수준)

- 이는 현재 대응 상황과 비슷하다. 연구팀은 백신이나 효과적인 치료제가 개발돼 추가적인 팬데믹을 피할 수 있을 때까지 질병 확산 억제 전략을 일정 수위로 유지하는 것이 중요하다고 강조했다.

- 참고로 신종플루의 경우 WHO는 전세계 214개국에서 발병, 1만 8500명이 사망한 것으로 발표했다. 하지만 미국 질병통제예방센터CDC의 파티마 다우드Fatimah Dawood 박사는 의료 저널The Lancet Infectious Diseases에 발표한 연구 결과를 통해, WHO의 발표는 통계 모델에 의한 추정치로 실제보다 과소평가되었다고 지적히며, 보다 현실에 가까운 새로운 예측 모델을 개발해서 계산한 결과 사망자 숫자가 보고된 것보다 많은 최소 15만1700명에서 최대 57만5400명일 것으로 추정했다.[2]

시뮬레이션 3. 각국이 강력한 공중 보건 대응책을 조기에 실행하지 않고 지연한 상황이라면 누적 확진자가 24억명, 사망자는 1,045만명(일주일에 인구 10만명당 1.6명).

---

2 메디칼업저버, 2020.3.23, "신종플루 대유행 사망자, 15배 과소추정됐다"

대세상승의 키 맨,
트럼프 대통령

2번째 근본 해법과 그 신호를 추적하기 위해 주목해야 할 2번째 시점은 미국이 오일전쟁 중재에 성공하는 시점이었다. 코로나19 팬데믹에서 불확실한 것은 시간이다. 통제하고 종결하게 될 것은 확실하다. 단지 시간의 문제일 뿐이다.

그러나 오일전쟁은 성격이 다르다. 통제와 종결 모두 불확실하다. 코로나19 사태와 관련해서 좋은 신호가 나오더라도 오일전쟁이 발목을 잡을 수 있다. 다른 면에서 보면 코로나19는 미국 대통령 한 사람의 힘만으로 해결할 수 없는 문제이지만, 오일전쟁은 트럼프 대통령 한 사람이 해결할 수도 있다. 다행히 OPEC와 러시아 등 10개 산유국이 참여한 OPEC+는 4월 12일 회의에서 5~6월에 일간 970만 배럴씩 감산하기로 합의했다. 2008년 글로벌 금융위기 시기의 감산 폭(6%)보다 큰 규모다. 사우디아라비아와 러시아 내부에서도 코로나19 경제 충격이 시작되었고, 유가 하락 폭이 두 나라의 예측 폭보다 커졌다. 오일전쟁으로 글로벌 경제 충격이 가중되는 데 대한 국제사회 비난도 부담이다.

결정적으로 오일전쟁은 미국 금융시장에서 가장 위험한 고리인 하이일드채권(투기등급채권) 시장에 직격탄을 날리는 사건이다. 재선에 성공하려면 오일벨트를 꼭 지켜야 하는 미국의 트럼프에게 오일전쟁 중단은 절박한 정치적 요구였다.

2020~2021년 만기 부채 10억달러(1조2000억원)를 가지고 있는 미국 셰일업체 화이팅석유Whiting Petroleum의 2020년 만기 채권 가격이 연초 100센트에서 3월 초에 18센트까지 폭락했다. 20달러 초반의 저유가가 지속되면 투기등급의 미국 에너지기업은 3개월을 버티기 힘든 상황이고, 나아가 2~3년 안에 셰일기업의 절반이 파산할 위험에 빠져 있다. 미국 에너지 기업이 재무건전성 악화로 채무 불이행 규모가 커지면 미국 지방 은행권으로 위험이 전이되면서 뱅크런이나 은행 파산 가능성이 커진다.

다급해진 트럼프는 러시아에 대한 경제제재 카드를 사용할 수도 있다고 흘렸다. 2020년 3월 20일, 미국은 이란과 아랍에미리트UAE 기업 몇 곳을 제재 대상에 올렸다. 미국의 표적은 이란보다는 UAE였다. UAE는 사우디아라비아와 러시아를 동시에 겨냥하겠다는 트럼프의 의도가 담긴 공격이었다. UAE도 일일 생산량을 303만에서 400만배럴로 증산할 것을 예고 했었다. 그리고 UAE의 무함마드 빈 자이드 알 나흐얀 왕세제(1961년생, 59세)는 사우디아라비아 실세인 무함마드 빈 살만 왕세자(1985년생, 35세)의 후견인이다. 트럼프는 UAE를 압박하여 사우디아라비아를 설득하는 전략을 구사했다.

러시아는 2018~2019년에 배럴당 42달러를 기준 삼아 긴축 재정으로 흑자를 기록했던 경험과 170억달러의 국부펀드를 믿고 사우디아라비아의 추가 감산 요구를 거절했었지만, 20달러대로 폭락할 가능성까지는 대비하지 못했던 듯하다. 러시아가 유가 폭락에도 어느 정도 대응할 재정적 여력을 가진 것은 분명하지만, 20달러대의 저유가 현상이 장기화하면 푸틴 러시아 대통령도 부담이 커진다. 푸틴 대통령은 2024년까지 러시아 국민의 빈곤율을 절반으로 낮추고(2019년 러시아 절대빈곤인구 14.3%) 3% 이상 경제성장률을 기록하겠다고 공헌한 상황이다. 하지만 2019년 러시아의 경제성장률은 1.3%였고, 2020년은 코로나19와 저유가 충격으로 마이너스 경제성장률을 기록할 가능성이 커졌다.

사우디아라비아도 예상 밖의 저유가 상황이 오래되면 피해가 커진다. 사우디 국영기업 아람코의 원유 생산 원가는 배럴당 2.8달러다. 하지만 물류 등 기타 비용을 더하면 최종 원가는 크게 상승한다. 다음 그림에서 보듯이 사우디아라비아 정부가 재정수지 균형을 맞추려면 유가가 60~80달러대까지 상승해야 한다. 겨우 채산성이라도 맞추려면 60달러는 되어야 한다. 유가가 36달러 미만이면 정부 지출을 줄이고 국내 투자도 축소해야 한다. 20달러대 유가는 사우디아라비아 왕세자 모하메드 빈 살만에게 큰 부담을 주는 원유 가격이다. 참고로 2016년에도 국제유가가 20달러대로 폭락하자 OPEC와 러시아가 감산에 합의했었다.

이러한 사우디아라비아와 러시아의 사정에 미국의 압력이 더해지며 역사적인 규모의 감산 합의가 이루어졌다. 그러나 4월 20일, 미국 시카고상품거래소에서는 5월 인도분 서부텍사스원유WTI 선물 가격이 4월

20일에 15달러 선마저 무너뜨리며 21년만에 최저치로 추락했다. 감산 규모보다 수요 감소가 더 크기 때문이다. OPEC 내부 자료에서도 팬데믹으로 인한 수요 감소 규모를 2000만 배럴로 추산하고 있다. 연일 발표되는 주요 국가들의 경제 지표를 보면 코로나19 1차 대유행기의 충격이 생각보다 크다. 여기에 각국의 비축유를 저장할 여력도 거의 소진되었다. 이런 상황에서 코로나19 충격이 정점에 오르기 전에 중동에서 원

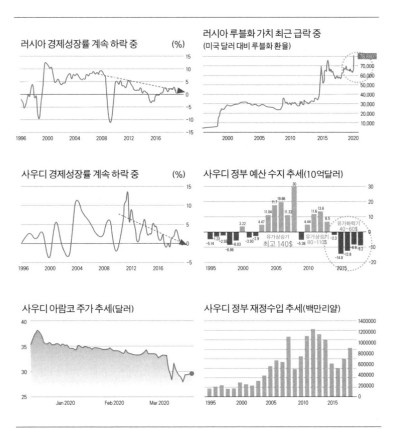

출처: TRADINGECONOMICS.COM

유를 실어 보낸 배가 속속 미국을 비롯한 각국에 도착하기 시작했다. 미국에서는 일시적이지만 재고를 털기 위해 웃돈을 얹어 주면서 마이너스 가격에 거래되기도 했다.

2019년 세계 석유 수요 증가분의 80%를 감당했던 중국 소비가 일시적으로 반등할 수 있지만 장기간 대세로 상승하기는 어렵다. 석유 수출국이자 소비국인 미국, 영국, 노르웨이 등은 자국 석유 기업을 보호하기 위해 글로벌 감산 협의에 동참하지 않고 OPEC 지역에서 수입하는 물량을 줄여서 버티는 전략을 한동안 유지할 것이다. 유가가 10달러 선마저 붕괴될지 모른다는 비관적 전망이 나올 정도로 시장이 망가져 있는 상황에서 사우디아라비아나 러시아가 감산을 전면 철회하면서 오일전쟁을 재개할 동력도 약화되었다.

OPEC+는 세계 1위 산유국인 미국을 향해서 감산에 동참하라고 주장하지만 미국도 제 코가 석자다. 트럼프는 재선을 위해서 에너지 벨트를 사수해야 하기 때문에 빗장을 걸어 잠그고 셰일업계를 강력하게 보호할 가능성이 크다. 미국의 (유정에서 원유를 채굴하는) 전통적 석유회사들도 유가 하락으로 피해를 입고 있지만, 감산 동참에는 소극적이다. 그들은 미국 연준과 정부가 에너지 기업을 살리는 구제책을 실시 중이어서 유가가 일시적으로 반등할 때까지 버틸 여력이 있다고 생각한다. 또한 투기등급으로 신용이 추락한 셰일기업이 유가 하락을 견디지 못하고 자기들보다 먼저 무너지면 인수합병할 수 있는 좋은 기회를 잡을 수 있을 것으로 생각한다. 설령 미국의 전통적 석유회사들이 감산을 해도 OPEC+의 요구가 아니라 자연스럽게 미국내 수요 감소분을 맞추는 수준이 될 것이다.

코로나19 1차 대유행으로 전세계의 셧다운이 5월 이후부터 서서히 풀리고, 6~9월 정도까지는 선진국들이 모여 있는 북반구가 여름으로 접어들면서 이동과 소비가 일시적으로 회복될 가능성이 크다. 이런 흐

오일가격 추세

러시아 정부 예산 수지 추세(백만달러)

출처: TRADINGECONOMICS.COM | FEDERAL TREASURY OF RUSSIA

세계 석유시장 시스템 분석

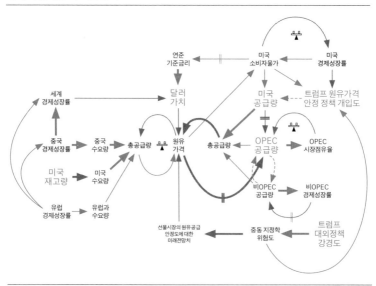

름을 따라 유가도 일시적으로 바닥을 탈출할 수 있다. 하지만 북반구가 가을로 접어드는 9~10월부터 코로나19 제2차 대유행이 시작되면 유가는 다시 하락 추세로 전환할 가능성이 크다. 코로나19 제2차 대유행에 잘 대응하지 못하면 전세계 경기 침체가 2년 이상으로 길어질 가능성도 있다. OPEC은 감산 규모를 늘리며 유가를 올리기 위해 노력하겠지만, 석유업계에 밀려든 찬바람이 사라지기까지는 오랜 시간이 필요할 듯하다.

석유 가격이 20달러대의 초저가에 묶여 있는 것은 당연히 세계경제와 주식시장 회복에도 나쁜 신호다. 트럼프 대통령이 역사상 최대 부양안을 상하원에서 통과시키는 데 성공했지만, 전략 비축유 매입을 위해 요구한 30억달러 예산 편성안은 민주당의 반대로 경기부양책 패키지에 포함시키는 데 실패했다.

지난 3월 27일 연준의 파월 의장이 NBC방송 인터뷰에서 한 말을 곱씹어볼 필요가 있다.

"우리는 지금 경기침체(경기침체)에 있을 수도 있다."
"올 4분기에는 좋은 회복을 볼 수도 있을 것이다."

겉으로는 희망을 말하는 듯 보여도, 뒤집어보면 3분기까지는 심각한 위기 상황이 지속될 가능성을 인정하는 말이다. 시장의 분위기도 단기 대폭락 충격 → 대규모 경기부양 기대 → 글로벌 경기 침체 두려움으로 옮아가는 중이다. 2차 공포 단계로 전환하고 있다. 1차 공포 단계는 달러 유동성 문제로 인한 금융시스템의 급격한 붕괴에 대한 두려움이고,

2차 공포 단계는 장기적인 실물경제 침체에 대한 두려움이다.

2번째 근본적 해법과 신호 추적을 위해 주목해야 할 3번째 시점은 미국의 코로나19 '피크 도달' 시점이다. 각국의 코로나19 확산이 전염곡선 정상부 억누르기에 성공하고 피크 도달 시점에 이르는 동안, 정부와 중앙은행을 통해 다양한 경제 및 기업 구제 정책이 쏟아져 나올 가능성이 크다. 정책이 나올 때마다 시장 반응이 오르락내리락 하겠지만, 서서히 희망을 찾아 움직이는 모습이 나타날 것이다. 이런 상황에서 코로나19가 피크에 도달하여 최악의 상황을 피할 수 있다는 신호가 나오면 시장이 안정되면서 본격적인 대세상승장이 시작될 수 있다. 이 시점에 코로나19 치료제가 나오면 완벽한 대세상승장의 시작을 알리는 신호가 될 것이다.

참고로 정부 부채비율이 높은 이탈리아의 피크 도달 시점도 중요한 요소다. 이탈리아 경제가 빨리 회복하지 못하면, 많은 양의 이탈리아 국채를 보유하고 있는 유럽 각국 은행으로 충격이 옮겨 붙기 때문이다.

원유 ETF 투자해도 되나?

4월 초까지 국제유가는 끝 모를 추락을 거듭하고 있다. 2020년 1월 7일 배럴당 65달러(WTI 기준)까지 상승했던 국제유가가 불과 2개월만에 20달러를 뚫고 내려갔다. 이후 역사적인 감산 합의에도 불구하고 여전히 상승하지 못한 채 20달러 밑에 머물고 있다.

유가가 폭락하자 삼성전자 주식과 원유 ETF 중에 어떤 것이 투자 대상으로 더 나은지를 묻는 질문을 많이 받는다. 2020년 4월 1일 기준, 개인 투자자가 3월 한 달 동안 원유 관련 ETF와 ETN을 1조 50억원어치 순매수했다. 전월 순매수 금액과 비교하면 15~20배 정도 늘었다. 원유 ETF는 원유 가격 변동에 투자하는 상장지수펀드다. 실제로 원유 상품에 투자한다. 원유 ETN은 상장지수채권이다 (ETN은 실제로 원유에 투자하지 않고, 원유 가격의 변동을 따라 채권 가격을 움직이도록 연동한 가상의 투자 상품인 경우도 있다).

2016년에도 국제유가가 20달러(WTI 기준)대까지 폭락한 경우가 있었다. 당시에도 원유 ETF에 투자한 개인들이 많았다. 국제유가가 2개월이 채 안 돼서 40달러까지 상승했다. 개인 투자자들이 큰 돈을 벌었을까? 유가 상승에 비해 수익률이 크지 않았다. 원유 ETF는 원유 현물이 아니라 선물에 투자하는 구조가 많다. 그러므로 국제유가가 빠른 속도로 급등하지 않고 오랫동안 낮은 가격에서 횡보하면 비용이 크게 늘어나서 수익률이 낮아진다. 2016년 당시에도 국제유가가 26.21달러 저점에서 한 달 만에 46.1% 상승했지만, 국내 원유 관련 ETF 수익률은 11~19% 정도에 불과했다. 원유선물은 만기가 정해져 있는 반면 원유 ETF는 만기가 없기 때문에 원유선물이 만기가 되면 만기가 도래하는 선물을 매도하고 더 먼 만기의 선물을 다시 매수해야 한다. 이렇게 롤오버 하는 비용이 평균 월 2~3% 정도 발생한다. (물론 운용사마다 롤오버 전략이 달라서 비용도 다르다) 따라서 원유 관련 ETF를 장기간 보유하면 원유선물의 만기 때마다 롤오버 비용을 추가로 물어야 한다. 일명 '잔고가 녹아내린다'고 표현한다. 단기 차익을 노리는 경우, 롤오버 비용은 크게 문제가 되지 않지만, 장기 보유하면 1년에 10% 이상 롤오버 비용이 발생할 수 있다.

국제유가가 변동성이 크다는 것도 위험 요소다. 변동성이 큰 상품은 오르내리기를 반복하는 횟수가 많을 수밖에 없다. 가격은 변하지 않고 기간 내에 5%씩 상승과 하락을 반복했다면 ETF 가치는 수수료 등의 비용 때문에 하락한다. 이런 특성 때문에 등락을 반복하며 조금씩 우상향하더라도 수익률은 유가 상승보다 작다. 가격 괴리율 위험도 있다. 투자자가 몰려서 유동성공급자LP가 수급을 적시에 맞추지 못하면 실제 가치가 제때 반영되지 않아서 제 가격보다 비싸게 매수할 위험이 있다. 한 마디로 다른 ETF보다 난이도가 아주 높다.

개인투자자는 유가와 상관관계가 높은 에너지 섹터 ETF에 투자하는 것이 훨씬 더 좋은 투자 대안이 될 수 있다.

한국과 미국 주식시장 대반등,
새로운 역사를 기록할 수 있을까?

한국과 미국 주식시장이 대반등을 시작한다면 전고점인 코스피 2500선, 다우지수 30000선을 넘어 새로운 역사를 쓰게 될까? 불가능하지는 않다. 지금부터 그 가능성을 예측해 보자.

예측을 활용하는 방법

필자가 여기서 제시하는 숫자들은 어디까지나 예측이지 예언이 아니다. 예언은 정확하게 맞추는 것이다. 주식시장을 한치 오차도 없이 정확히 맞출 수 있는 사람은 없다. 예측은 '논리적으로, 확률적으로' 가능성을 살펴 미리 생각해 보는 것이다. 비록 필자가 독자의 직관적 이해를 돕기 위해 몇 개의 숫자를 사용하겠지만, 그것은 어디까지나 어림셈이고 상징적인 숫자다. 미국 다우지수가 30000포인트까지 갈 가능성이 있다는 예측은 "대폭락하기 이전 주가지수의 '대부분'을 회복한다"는 말로 해석해야 한다. 마찬가지로 35000포인트를 말하면, "전고점을 넘어서는 힘을 가지고 있다"는 말로 이해하고 전고점을 넘어 반등해도 더 상승할 가능성이 있다고 해석해야 한다.

예측은 좋은 의사결정, 의미있는 의사결정에 도움이 되도록 일정한 가능성의 범위에서 미래를 그려보는 시나리오 작업이다. 그렇지만 정확히 맞추지 못한다고 예측의 힘을 무시하면 안 된다. 주가가 움직이는 방향, 속도, 패턴이나 사이클 등을 아는 것만으로 금융 통찰력은 놀랍게 향상된다. 혼란한 주식시장 한복판에서 우리의 감정을 지배하는 공포나 환상을 제어할 수 있다. 투자에서 좀더 나은 의사결정을 할 수 있다. 좀더 나은 의사결정은 곧 좀더 나은 수익률로 이어진다. 대폭락과 급반등이 이어지는 시기에는 특히 미리 생각해 보는 힘, 다양하게 생각해 보는 힘이 중요한 차이를 만든다.

앞에서 미국 주식시장이 대폭락한 후 반등하며 어디까지 상승할 것인지에 대한 대략적인 시나리오를 제시했다. 하나는 1988년을 기준점으로 한 추세 추정치, 다른 하나는 1994년을 기준점으로 한 추세추정치였다. 2가지 추세추정치는 아주 단순한 모델이다. 5년이라는 시간 안에 도달 가능한 상승 범위가 어느 정도일지에만 관심을 둔 시나리오다. 5년 동안 1~2차 반등 혹은 박스권 단계까지만 갈지, 아니면 3차 반등까지 갈 수 있을지는 포함하지 않은 시나리오다. 필자가 5년으로 기간을 좁힌 이유가 있다. 대부분의 개인 투자자들은 5년 이상의 장기투자를 힘들어 한다. 아니 5년은커녕 1~3년의 투자를 견디기도 쉽지 않다.

개인투자자가 기관이나 외국인 투자자를 이기는 가장 확실한 길은 장기투자 전략임이다. 대폭락장에서 시작하는 투자는 특히 장기투자 전략을 잘 지키면 평상시보다 매우 큰 수익을 거둘 수 있다. 대폭락 이후에는 1차 반등기에서도 큰 수익이 난다. 하지만 최소 3년 이상, 최대 10년 정도의 장기투자 전략으로 대응할 최고의 수익을 거둘 수 있다. 그렇게 얻는 수익은 같은 기간(3년이든, 10년이든)에 단기적인 변동을 따라 수없이 주식을 사고파는 단기투자 전략을 구사해서 얻을 수 있는 수익률보다 훨씬 높다. 투자 경험과 실력이 부족하면 큰 상승 흐름에서도 자칫 손실을 보기 쉽다.

다시 미국의 지난 대세상승기의 수익률을 정리해보자.

- 1차 대세상승기: 6년 동안 3.8배 상승
- 2차 대세상승기: 12년 동안 3.2배 상승
- 3차 대세상승기: 5.5년 동안 2.5배 상승
- 4차 대세상승기: 9년 동안 3.8배 상승
- 5차 대세상승기: 4년 동안 1.75배 상승
- 6차 대세상승기: 12.5년 동안 3.3배 상승

2020년 대폭락 후에 새롭게 시작되는 상승기는 7번째 대세상승기가 될 것이다. 지난 100년의 6번 대세상승기에서 역사적 신고점(3차 상승기)

에 도달하는 시간이 4~6년 걸린 경우가 세 차례였고, 나머지 세 번은 9~12년 걸렸다. 최저점을 기준으로 (5차 상승기를 제외하면) 2.5~3.8배 상승했다.

신고점에 도달하는 데 9~12년이나 걸린 세 번의 대세상승기에도, 상승 사이클의 전반기인 4~5년 안에 평균 2.5배 상승했다. 이번에도 이런 비슷한 패턴이 재현될 될 가능성이 가장 크다. 그래서 필자가 5년이라는 기간을 제시한 것이다. 만약 수익률을 좀더 높이고 싶다면 지수를 2배 혹은 3배수로 상장지수를 추종하는 레버리지 ETF상품을 선택할 수 있다. 그러면 주가지수가 2.5배 오를 때 9~10배의 수익을 거둘 수 있다. 4~5년만에 900~1000% 수익률의 수익률을 기록하는 것이다. 물론 이는 정확히 최저점에서 산다는 것을 전제로 한 계산이다. 그러나 무릎에서 산다는 현실적인 가정으로 바꿔도 400~500%의 수익률은 충분

2012년 이후, 미국 주식시장 상승에 투자한 ETF(×3)

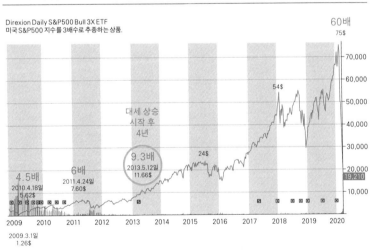

출처: Yahoo Finance

미국 주식시장 대폭락 후, 어디까지 상승할 것인가? - 추세추정치 A

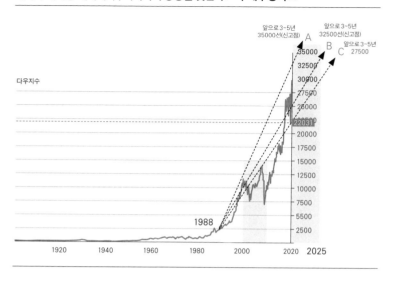

미국 주식시장 대폭락 후, 어디까지 상승할 것인가? - 추세추정치 B

히 얻을 수 있다. 거듭 당부하건데 이번 기회를 단지 몇 달 버티다 작은 수익에 만족하고 팔아버리는 단기 전략으로 허비하지 않기를 바란다.

지금부터 앞으로 약 5년 동안 장기투자하는 전략을 전제로 앞에서 제시했던 2개의 예상치를 지금까지 분석한 내용을 더해서 재조정해 보자. 아래는 필자가 제시했던 다우지수의 3가지 시나리오다.

시나리오 1. 35000선 (강한 상승장 - 신고점)

시나리오 2. 30000~32500선 (전고점 부근 도달)

시나리오 3. 25000~27500 선 (약한 상승장 - 전고점 미만)

위의 가설적 시나리오들에 대해 지난 100년 동안의 대세상승기 평균값인 5년- 2.5배의 상승률을 적용하고 앞에서 살펴본 몇 가지 변수를 추가 적용해 보자. 이번 대폭락장에서 최저점이었던 18000을 시작점으로 잡아 보자(필자가 원고를 쓰던 3월말 시점의 최저점을 기준으로 한 수치임). 수정된 시나리오의 다우지수 상승 목표치는 다음과 같다.

시나리오 1. 40000~45000선 (강한 상승장 - 역사적 신고점)

시나리오 2. 31500선 (전고점 부근 도달)

시나리오 3. 25000~27500선 (약한 상승장 - 전고점 미만)

시나리오 1은 강한 상승장을 가정하고 5년 동안 상승할 수 있는 최고치를 가정해 본 것이다. 역사적 신고점은 지난 100년 동안 6번의 대세상승기 5년 평균 상승률 2.5배를 적용했다. 상승기가 진행되는 5년 동안 예상되는 미국의 경기침체(6~18개월)를 제외한 다른 경제적 대충격이 없다는 것을 전제로 한다.

시나리오 2는 두 가지 변수를 염두에 둔 것이다. 하나는 상승기가 진행되는 5년 동안 미국의 경기침체를 거치고 중국의 금융위기같은 큰 경제적 충격이 발생하지만 연준이 강력한 경기부양책으로 위기를 최대한 방어하고 투자시장을 안정시키는 경우다. 이 경우에는 상승 추세가 한 번쯤 크게 꺾이는 사건이 발생하기 때문에 전체적인 상승 속도가 늦춰지면서 전고점 부근까지 도달하는 데 만족해야 한다. 다른 하나는 중국의 금융위기같은 큰 경제적 충격이 발생하지 않더라도, 미국과 전세계의 경기침체가 길어지면서 가장 상승폭이 적었던 제5차 상승기와 비슷하게 1.75배 상승하는 데 머무는 경우다.

시나리오 3은 가장 약한 상승장을 감안한 시나리오다. 연준이나 미 행정부가 막대한 돈을 시장에 퍼붓는데도 약한 상승장의 패턴을 보이려면 5년 동안 이런 돈의 힘을 약화시키는 여러가지 저항이 일어나야 한다. 미국과 전세계의 경기침체가 생각보다 깊고 길어야 하고, 5년안에 중국 금융위기같은 대형 위기가 발생해서 최저점으로 다시 하락했다가 다시 상승기를 시작해야 하며, 현재 위기를 방어하기 위해 만들어낸 막대한 부채가 미국에서 다시 말썽을 부릴 수 있다. 혹은 현재 진행되고 있는 오일전쟁이 장기화되면서 필자가 최저점으로 잡은 18000선보다 더 낮은 수준으로 주가가 폭락하고, 앞으로 2년 동안 미국 셰일회사의 절반 정도가 파산하는 일이 벌어진다면 가능한 시나리오다.

같은 방법으로 한국 주식시장이 대폭락을 마친 후, 앞으로 5년 동안 어디까지 상승할지도 추세를 추정해 보자. 여기에는 2009년 이후 한국

2009년 이후, 한국 주식시장 상승(코스피)

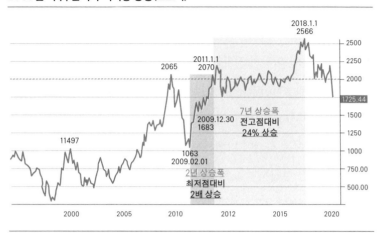

한국 주식시장 대폭락 후, 어디까지 상승할 것인가?

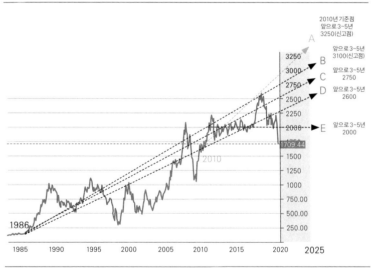

출처: TRADINGECONOMICS.COM

주식시장의 상승 추세를 반영했다.

앞에서 한국에 대해서도 2개의 기준점을 가지고 추세추정선을 만들었다. 하나는 1986년 기준이고, 다른 하나는 2010년 기준이다. 미국과는 달리 한국의 경우 금융위기 발발 가능성까지 반영해서 5개의 추세선을 임의로 만들고, 이것을 가지고 한국 코스피지수에 대해 다음과 같은 3개의 가설적 시나리오를 도출했다.

시나리오 1. 3100~3250선 (강한 상승장 - 신고점)

시나리오 2. 2600~2750선 (전고점 부근 도달)

시나리오 3. 2000선 부근에서 박스권 유지 (약한 상승장 - 전고점 미만)

위의 가설적 시나리오에 대해 한국 주식시장에서 지난 35년 동안 전개된 다섯 번의 대세상승기 초기 5년 동안의 상승률 평균값인 2~2.5배를 적용하고 앞에서 살펴본 몇 가지 변수를 추가 적용해 보자. 이번 대폭락장에서 최저점이었던 1458을 시작점으로 잡아 보자. (필자가 원고를 쓰던 3월말 시점의 최저점을 기준으로 한 수치임) 수정된 시나리오의 코스피지수 상승 목표는 다음과 같다.

시나리오 1. 3100~3600선 (강한 상승장 - 역사적 신고점)

시나리오 2. 2200~2500선 (전고점 부근 도달)

시나리오 3. 2000선 부근에서 박스권 유지 (약한 상승장 - 전고점 미만)

시나리오 1은 강한 상승장을 가정하고 5년 동안 상승할 수 있는 최고치를 가정해 본 것이다. 역사적 신고점은 지난 35년 동안 5번의 대세 상승기 초기 5년 상승률 평균값인 2~2.5배를 적용했다. 상승기가 진행되는 5년 동안 예상되는 한국의 경기침체(12~24개월)를 제외한 다른 경제적 대충격이 없다는 것을 전제로 한다. 이 경우 최소 3100에서 최대 3600선까지 상승할 가능성이 있다.

시나리오 2는 두 가지 가능성을 염두에 둔 것이다. 하나는 상승기가 진행되는 5년 동안 한국이 경기침체를 겪고 중국의 금융위기같은 큰 경제적 충격이 발생하더라도 한국은행과 정부가 강력한 경기부양책으로 외부 위기를 최대한 방어하고 투자시장을 안정시키는 경우다. 그럼에도 불구하고 상승 추세가 한 번쯤 크게 꺾이기 때문에 전체적인 상승 속도가 늦어지면서 전고점 부근 정도까지 도달하는 데 만족해야 하는 시나리오다. 다른 하나는 중국의 금융위기같은 큰 경제적 충격이 발생

한국 주식시장, 지난 35년 대폭락과 대상승 패턴

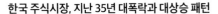

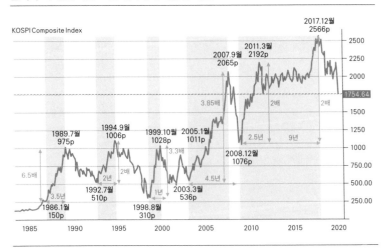

하지는 않지만, 한국과 전세계 경기침체가 길어지면서 한국주식시장의 제5차 상승기 후반부의 상승률인 1.5배 상승 혹은 전고점을 회복하는 정도의 속도로 상승장이 진행되는 경우다.

시나리오 3은 가장 약한 상승장을 감안한 시나리오다. 한국은행이나 정부가 막대한 돈을 시장에 퍼붓는데도 약한 상승장의 패턴을 보이려면 5년 동안 이런 돈의 힘을 약화시키는 여러가지 저항이 일어나야 한다. 한국과 전세계의 경기침체가 생각보다 깊고 길며, 5년 안에 중국의 금융위기같은 대형 위기가 발생해서 최저점으로 다시 하락했다가 다시 상승기를 시작하고, 현재 막대한 부채로 위기를 탈출하느라 늘린 부채가 한국에서 다시 말썽을 부려서 제2의 금융위기까지 발발하는 경우다. 혹은 현재 진행되고 있는 오일전쟁이 장기화되면서 2020년 3월의 최저점인 1458보다 더 낮게 하락했다가 약하게 상승하는 시나리오다.

1차 반등기, 저점을 버리고
고점을 연구하라

앞에서 설명한 대세상승기의 진행 패턴을 떠올려보자. 대세 상승기는 최저점에서 시작해서 다음 번 대폭락 때까지 1차 반등– 2차 반등– 박스권– 3차 반등의 4단계를 거치며 완료된다. 다음 그림은 2008년 이후 제6차 대세상승기를 4단계로 구분한 그래프다.

미국과 한국의 주식시장에 대해 앞으로 5년간 상승 가능한 범위를 추정했던 시나리오를 대세상승장 4단계로 나누어 적용해 보자. 3가지 시나리오를 전부 적용하면 너무 복잡하고 상당한 지면이 필요하니 전 고점 부근까지 회복하는 중간 시나리오만 가지고 4단계를 차례로 적용해 본다.(나머지 2개의 시나리오는 책에서 소개한 방법을 참고로 독자들이 나름대로 가감하면 될 것이다)

1차 반등기는 대폭락을 불러온 근본적 원인에 대한 근본적 해법이 나오면서 시장을 압도하던 두려움이 극적으로 해소되고 시장이 빠르게

V자로 반등하는 시기다. 1차 반등은 심리적 공포 해소라는 힘만으로 반등을 할 수 있기 때문에 '심리적 대전환기'라고도 부를 수 있다. 그래서 대세상승기 4단계 중에서 반등 속도가 가장 빠르다.

참고로 하락장도 대체로 3단계로 진행된다. 초기 급락sharp down — 최소 20%~최대 50%까지의 되돌림reflexive rebound — 장기적 하락drawn-out fundamental downtrend. 투자자들이 주의해야 할 것은 1차 반등기 초반부가 하락장의 2단계의 되돌림과 비슷하다는 점이다. 6번의 상승기 그래프를 보면 하락장에서도 주가지수는 20%를 넘는 반등 랠리를 몇 차례 기록했다.

그래서 하락장 속의 반등인지, 폭락 이후 대세상승의 출발을 알리는 반등인지는 차트만으로 구분하기 어렵다. 그래서 신호가 중요하다. 대세상승장의 시작을 알리는 신호를 기다렸다가 움직여야 한다.

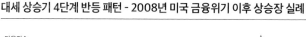

대세 상승기 4단계 반등 패턴 - 2008년 미국 금융위기 이후 상승장 실례

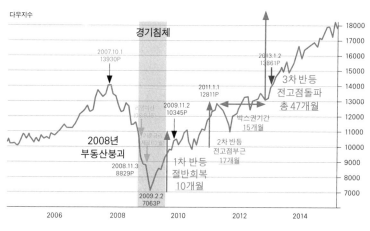

1차 반등기는 반등 속도를 기준으로 다시 3개 구간으로 나눌 수 있다. 먼저 바닥을 확인한 직후 1~2일 동안 순식간에 치고 올라간다. 2번째 구간은 확실한 대세상승장의 시작인지 기술적 반등인지 의견이 분분하여 매수 매도의 힘이 공방을 벌이면서 서서히 상승한다. 기관이 보유한 펀드의 투자자산 리밸런싱 수요도 이 기간부터 집중되면서 주가의 추가 상승을 견인하기 시작한다. 인공지능이 비슷한 시기에 정해진 물량만큼 자동 재배분을 진행하기 때문에 어떤 특정한 순간에 반등 속도가 가파르게 올라간다. 이런 순간을 개인 투자자는 절대로 알아챌 수 없다. 하락장에서 미리 매수하지 않은 개인투자자가 이 단계에 진입하려고 한다면, 아마도 1차 반등기 중후반이 될 가능성이 크다. 신호를 구별하지 못하면 하락장의 되돌임인지 아니면 대세상승의 시작인지 고

1단계, 1차 반등은 어느 정도까지?

1. 40000~45000선 (강한 상승장 – 역사적 신고점)
2. 31500선 (전고점 부근)
3. 25000~27500선 (약한 상승장 – 전고점 미만)

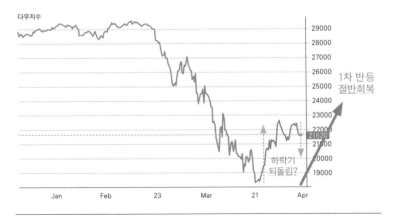

민하며 머뭇거리느라 시간을 허비할 것이기 때문이다. 신호를 찾고 구별할 수 있는 공부를 하지 않은 투자자가 단지 가격의 변화만을 보고 1차 반등기 중후반에 매수에 합류한다면 그는 아마 강심장을 가진 사람일 것이다. 대부분의 개인은 1차 반등기 끝 무렵에 대세상승장에 합류하기 시작한다.

4월 하순 기준으로 대폭락 저점을 기준으로 주가지수가 크게 반등했다. 그렇다면 "지금 사도 될까?" 이 질문에 대한 답은 간단하다. 최저점에 사서 단기적인 매매로 차익을 남기는 전략을 사용하는 사람이라면 필자가 사라고 해도 사기 힘들 것이다. 하지만 전고점 혹은 역사적 신고점을 목표로 장기투자하는 전략이라면 지금이라도 살 수 있다.

어디가 바닥인지를 맞추려고 하지 말라.

바닥을 맞추는 데 초점을 두고 매수하려고 하지 말라. 바닥을 찾는 대신에 어디까지 상승할 것인지에 대해 연구하고 그것에 맞춰 전략을 수립하라. 그러면 언제 사야할지에 대한 답도 자연스럽게 나온다.

'앵커링 효과anchoring effect'라는 말이 있다. 한국어로 '닻 내림 효과'라고 불리는 심리학 용어다. 항구 근처나 연안 바다에 도착한 배가 닻을 한 번 내리면 닻과 배를 연결한 밧줄의 길이 안에서만 움직일 수 있다. 사람 심리도 비슷해서 판단을 내리기 전에 인상적으로 다가왔던 숫자나 사물에 영향을 받아 이후에 왜곡되거나 편향된 판단을 할 가능성이 높다. 심리학자이자 행동경제학자인 대니얼 카너먼Daniel Kahneman과 아모스 트버스키Amos Tversky가 실험으로 이를 증명했다. 예를 들어

고급 백화점에서 사고 싶은 상품 가격표에 기존 가격표와 할인 가격표를 동시에 적어 놓으면 기존 가격에 앵커링이 되어 물건이 싸다고 판단한다. 대형마트의 '원 플러스 원' 행사도 앵커링 효과를 이용한 마케팅 전략이다. 사업 협상에서도 먼저 가격을 제시한 사람에게 유리한 방향으로 결론이 날 가능성이 높다. 최초 가격이 앵커링 효과를 발휘하기 때문이다.

투자시장에서도 마찬가지다. 당신이 다우지수 최저점으로 예상했던 15000에 앵커링되어 있다면 22000 포인트는 너무 비싸서 사지 못한다. 그 추세가 이어져 다우지수가 5년 안에 40000까지 갈지도 모른다. 그래서 대폭락과 대상승이 한 쌍으로 일어나는 기회에서는 최저점에 앵커링하지 말고 최소한 전고점에, 아니면 역사적 신고점에 앵커링을 해야 올바르게 투자할 수 있다.

이 책을 읽는 지금 미국 다우지수 혹은 한국의 코스피지수가 얼마인가? 그 가격이 얼마이든, 최저점이 아니라 전고점이나 역사적 신고점에 앵커링을 하고 현재 주식의 가치를 판단하라. 전고점이나 역사적 신고점에 앵커링하고 그 차이를 판단하면 쉽게 의사결정할 수 있을 것이다.

2차 반등기,
깊고 좁은 U자형 반등 가능성

2차반등기는 1차 반등기 이후부터 전고점 부근까지 추가 상승하는 구간이다. 1차 반등은 심리의 대전환이라는 힘만으로 상승하는 구간이다. 그래서 빠르지만 동시에 전고점까지 가기에는 힘이 부족하다. 전고점을 다시 탈환하기 위해서는 다른 힘이 필요하다. 2차 반등기에 상승을 이끄는 핵심적인 힘은 기업의 펀더멘털이다. 당연히 1차 반등기보다 속도가 느리다. 추격 매수를 하고자 하는 투자자에게는 조금 여유를 가질 수 있는 구간이다. 또 하나 중요한 점이 있다. 심리적 요인이 에너지인 1차 반등기는 대부분의 나라가 비슷하게 움직인다. 그러나 2차 반등기부터는 기업의 펀더멘털이 중요하기 때문에 한국과 미국 혹은 유럽의 주식시장이 상승 속도, 범위, 양상에서 다를 수 있다.

심리적 요인으로 반등에 성공했던 주식 중에서 펀더멘털이 약하거나, 앞으로 상당 기간 매출이나 영업이익 흐름이 개선되기 힘들다는 평가를 받으면, 이 기간에 다시 하락할 수도 있다. 2차 반등기는 매출, 영업이익, 현금흐름, 국가 신용도 등에 따라 양상이 각기 달라진다. 인덱스(주가지수)에 투자하는 사람이라면, 국가나 섹터를 잘 선택해야 한다. 어떤 나라 지수는 더 빨리, 어떤 나라 지수는 더 늦게 오른다. 최악의 경우 어떤 나라 혹은 어떤 섹터 지수는 거꾸로 하락하거나 아주 늦게서야 2차 반등에 성공할 수 있다. 2차 반등기의 상승폭도 당연히 달라질 수 있다. 그래서 2차 반등기에 들어서면 국가나 기업을 비교하면서 투자전략을 수정하거나 재검토해야 한다.

글로벌 투자은행 모건스탠리의 아시아 지역 회장을 지낸 로치 교수는 코로나19 확산세가 누그러지면 2020년 하반기~연말까지 세계 경제가 회복할 것으로 예측했다. 2차 반등기의 속도와 범위를 가늠해 보려면, 코로나19의 최종 충격을 먼저 예측해야 한다. 코로나19에 대한 통제가 6월 이후에나 가능해지면 실물경제가 받는 충격은 아주 클 것이다. 따라서 글로벌 경기침체 기간이 길어질 수 있다. 2차 반등기의 상승 속도가 느려지면서 전고점을 탈환하는 데 필요한 시간도 길어진다는 뜻이다.

다음의 6차 대세상승기 그림을 다시 보자. 1차 반등기를 마치고 2차 반등기에는 추가로 17개월이 소요되었다. 미국의 2차 반등기에 미국 경제성장률은 2~3%대를 유지하며 안정세를 보였다. 하지만 2차 반등기 후반에 유럽에서 금융위기가 발발하면서 큰 폭의 중간 조정이 발생했다. 그 결과 3단계인 박스권 기간이 길어졌다.

다음 그림은 5차 대세상승기의 2차 반등기 양상을 보여준다. 5차 상승기에는 기업의 펀더멘털이 강력하게 상승기를 이끌지 못했다. 필자가

'가짜 상승기'라로 평가할 정도로 주로 돈의 힘으로 만들어진 약한 상승기였다. 펀더멘털이 주가 상승을 이끌어야 할 2차 반등기에도 반등폭이 작았다. 그럼에도 불구하고 여기서 참고할 중요한 점이 있다. 2차 반등기의 미국 경제성장률이 상승기 전체 구간에서 가장 높았다는 점이다.

이런 양상은 3차 대세상승기에도 비슷했다. 2차 반등기의 미국 경제성장률이 수직 상승하며 대세상승기 전체 구간에서 가장 높았다. (참고

지난 100년, 미국 6차 대세상승기(2009.6~2020.1) 분석

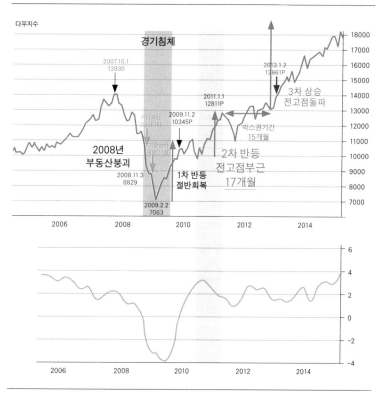

로 4차 대세상승기는 2차 반등기 이후에 다시 경기침체에 빠지면서 박스권이 이례적으로 길어졌다).

코로나19 팬데믹 이후의 경제에 대한 전망은 V, U, L자형 등 전문가마다 차이가 크다. 과연 어떻게 될까?

먼저 L자형 곡선을 그릴 가능성이 낮다. 경제성장률이 아주 오랜 분기 동안 마이너스를 기록하고 경제 총량도 큰 폭으로 줄어서 만회하는

미국 5차 대세상승기(2003.6~2007.10) 분석

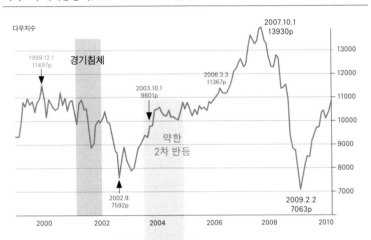

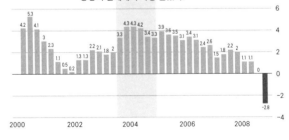

데 오랜 시간이 걸리는 L자형(90년대 이후 일본의 장기 침체가 전형적이다)을 보이려면, 코로나19 사태 수습과 오일전쟁에서 최악의 상황이 벌어져야 하고, 주요 국가들의 정책 실패도 겹쳐야 한다. 위기 수습이 길어지고 실패한 정책을 되돌리는 데도 시간이 오래 소요되어야 경제가 L자형의 장기 침체에 빠진다. 현재로선 그럴 가능성이 낮다.

V자형 반등은 가장 바라는 바지만, 현재까지의 충격과 앞으로 예상되는 충격까지 고려할 때 희망사항이 될 가능성이 크다. 현재로서는 U

미국 3차 대세상승기(1983~1987.7) 분석

자형으로 갈 가능성이 가장 크다. 한순간에 강력한 충격이 실물경제나 금융시장에 가해졌을 때 주로 나타나는 유형이다. 1997년 한국의 외환위기, 2008년 미국발 금융위기, 2012년 유럽발 금융위기 등이 이에 해당한다. 이번에도 막대한 상업영역 부채라는 잠재된 위험 요소는 비슷했고, 코로나19로 지구촌 거의 모든 나라의 실물경제가 짧게는 2~3개월 정도 거의 완전한 마비 상태에 빠지는 초유의 사태가 벌어졌기 때문에 금융위기로 비화되지 않아도 엇비슷한 충격을 받을 것이 확실하다. 중국의 경제성장률이 1~2% 혹은 최악의 경우 마이너스 전망치가 나

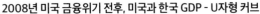

2008년 미국 금융위기 전후, 미국과 한국 GDP - U자형 커브

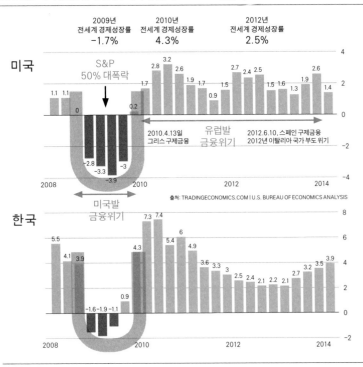

올 정도로 좋지 않고, 미국을 비롯한 주요 국가들의 경제성장률도 마이너스를 기록할 것으로 전망된다. 하지만 분기별로 나누어 보면 1~2분기 정도만 아주 큰 폭의 마이너스 성장률을 기록하고 이후 서서히 회복하는 기조를 보일 것으로 예측된다. 참고로 2009년 전세계 경제성장률 역시 −1.7%를 기록했다.

글로벌 경제의 정상화 시점은 언제쯤일까? 가장 먼저 타격을 입었던 중국의 사례를 기준으로 삼아 예측해보자. 2월 초부터 중국 자동차 공장이 다시 가동되기 시작해서 평균가동률이 2월 중순 40~50%, 2월 말 60~70%, 3월 초 70~80%, 3월 말 85%에 도달했다. 딜러 매장은 90%, 사무직 업무는 95%가 정상화되었다. 3월 말에 중국 내 교통량도 20% 이상 증가하면서 도시 활동도 상당히 활발해졌다. 이런 중국 사례

글로벌 정상화 시점 예측 기준 - 중국

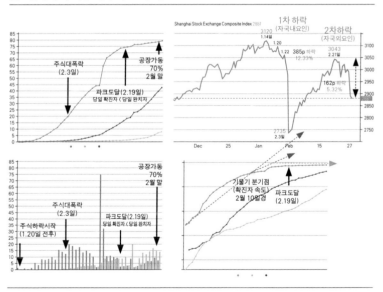

를 대입하면, 각국에서 피크 도달 지점(골든 크로스)을 넘어서면 1~2개월 내에 통제 가능한 수준에 도달하고, 그 이후로 1개월 내에 상당수의 공장과 직장 업무가 정상화될 가능성이 크다. 그에 따라 글로벌 무역은 6월부터 완연한 회복세를 보일 수 있을 것이다.

2018년 기준 전세계 GDP는 74조달러였다. 이 중에서 미국 20.5조달러(27.7%), 중국 13.4조달러(18%), EU 18.7조달러(25%, 독일이 4조달러로 세계 비중 5%), 일본 5조달러(6%)를 차지한다. 이들 4개 경제권을 합하면 전세계 GDP의 총 76.7%를 차지한다. 세계 경제가 반등하려면 미국, 중국, 독일, 일본이 회복해야 한다. 이들 국가 회복이 곧 한국 수출 경제의 회복 시점과 직결된다. GDP 2~3조달러대 국가로는 영국, 프랑스, 인도, 이탈리아, 브라질 등이 있지만, 이들 국가는 미국 중국 독일 3국이 회복되면 동반 상승하는 시스템적 연관관계를 갖고 있다(한국 1.65조달러(2%), 아세안 주요 5개국 총 2.42조달러(3.2%)로 아직 세계경제에서 차지하는 비중이 작다).

GDP 규모를 기준으로 세계경제의 중요 국가들을 코로나19 타격을 입은 순서대로 다시 분류해 보자. 중국과 한국이 지구촌에서 가장 먼저 타격을 받은 나라라면, 미국과 유럽(이탈리아 포함)이 2차로 타격을 입은 국가들이다. 일본과 인도 등이 마지막 3차 타격을 입은 국가들이다. 중국이 우한에서 코로나19의 급격한 확산이 시작된 후 3~4개월 정도 지난 후에 정상화 단계에 들어간 것을 고려하면, 전세계가 정상화 단계로 전환하기 시작하는 시점은 대략 5월말~6월초 정도가 될 것으로 예측할 수 있다. 따라서 3~4분기에는 세계경제가 빠르게 회복할 수 있을 것이다.

이번 위기가 1990년대 후반 동아시아 외환위기, 2008년 글로벌 금융위기 상황과 다르다는 분석이 많다. 올바른 분석이다. 그렇다고 회복이 더 어려울까?

1990년대 후반의 위기는 동아시아에 국한되었고, 2008년 금융위기는 미국과 유럽을 거쳐서 전세계 영향을 주었지만 금융시장 문제가 중심이어서 금융 정책을 동원한 처방으로 수습이 가능했다. 하지만 이번 위기는 전세계 실물경제가 거의 동시에 멈춰서며 실물경제와 금융이 동시에 타격을 받았다. 개인이나 기업이 체감하는 경기도 1997년이나 2008년 금융위기 때보다 심각하다. 하지만 2008~2012년 당시의 부동산 버블 붕괴나 국가 부도 사태 급의 충격은 아니다. 전세계 실물경제가 일시에 락다운되는 초유의 위기에 직면했지만, 거꾸로 생각하면 코로나19를 수습하고 락다운만 풀리면 미뤄졌던 생산과 소비가 빠르게 일어설 수 있다는 뜻이기도 하다. 오히려 몇 달 동안 집밖으로 나가지 못하고 갇혀 있으며 억눌렸던 소비와 여행 수요가 폭발적으로 뛰어 오를 가능성도 충분하다. 회사채 발 금융 충격이 벌어진 상황에서 전세계 소비가 일시에 멎는 초유의 충격이 겹쳐서, 2020년 1~3분기는 2008년 당시보다 더 깊은 침체를 기록할 수 있다. 하지만 빠르면 3분기 후반 ~2020년 4분기부터는 예상보다 큰 폭의 회복세가 나타나는 진풍경을 볼 수도 있다.

각국의 전염병 전문가들은 코로나19가 여름 이후에 다시 창궐할 가능성을 크게 본다. 하지만 재확산이 일어나더라도 지금처럼 무방비로 당하는 상황이 재현되지 않을 것이다. 많은 전문가들이 인정하듯 한국이 코로나19에 효과적으로 대응할 수 있게 된 데는 지난 신종플루 대응의 실패에서 배운 교훈이 크게 작용했다. 비슷하게 가을과 겨울에는 코로나19 치료제의 상용화를 비롯해 다양한 방법을 동원해서 대응 능력을 키울 수 있으므로 2020년 4분기 경제성장률을 극단적으로 끌어내릴 가능성은 작다(참고로 기존 약물을 코로나19 치료제로 재사용(일명, 드러그 리포지셔닝) 임상실험이 각국에서 진행 중이다. 성공 여부의 윤곽이 5-6월경에는 나올 듯하다).

종합해보면 이번 위기는 1997, 2008, 2012년 금융위기와 비슷한 충격 혹은 그 이상의 충격을 주었지만, 금융시장만 붕괴하지 않는다면 글로벌 경제는 하락폭은 더 깊지만 하락의 지속 시간은 짧은 '깊은 U자'형을 그릴 가능성이 가장 크다고 예측한다. 주식시장이 실물시장보다 3~6개월 정도 선행한다는 점을 고려하면, 전고점 부근을 향해 내달리는 2차 반등기가 빠르면 2020년 하반기에 시작될 수도 있다. 당연히 2차 반등기의 상승폭은 국가나 기업의 펀더멘털에 따라 달라질 수 있다.

금융시스템은 어디까지 견딜 수 있나?

2019년 6월 22일, 미 연준은 두 자릿수 실업률과 주식시장 50% 급락 시나리오를 가지고 JP모건 체이스와 뱅크오브아메리카BOA, 시티그룹, 골드만삭스 등을 포함한 조사 대상 18개 대형은행(자산 기준으로 미국에 기반을 둔 전체 은행 총자산의 약 70%에 해당)에 대해 스트레스 테스트를 실시했다. 그 결과는 통과였다. 금융시스템이 완전히 붕괴

하지만 않는다면 (일부 지방 은행들의 파산은 불가피하지만) 미국 대형은
행들은 현재 예상되는 시장 충격에도 견딜 수 있는 수준의 펀더멘털
을 가지고 있다.

벌써 S&P는 코로나19 회복 이후 2021년 전세계 경제성장률을 4.9%
로 전망하고 있다. 필자의 예측도 비슷하다. 과거의 충격적 경제위기 이
후 다음 해 경제성장률이 기술적 반등에 모두 성공했던 패턴을 고려할
때, 최소한 2021년 한 해 정도는 2020년 목표로 했던 경제성장률에 복
귀하거나, 일부 국가에서는 그 이상으로 성장할 가능성도 없지 않다.

2020년, 주요 국가 경제성장률 코로나19 이전 전망치

2021년에 2020 전망치로 복귀할 가능성 큼

S&P는 코로나19 회복 이후 2021년 전세계 경제성장률 4.9% 전망

	2018	2019	2020
		Proj	ections
전세계	3.3	3.0	3.4
선진국	2.3	1.7	1.7
미국	2.9	2.4	2.1
유로존	1.9	1.2	1.4
독일	1.5	0.5	1.2
프랑스	1.7	1.2	1.3
이탈리아	0.9	0.0	0.5
스페인	2.6	2.2	1.8
일본	0.8	0.9	0.5
영국	1.4	1.2	1.4
캐나다	1.9	1.5	1.8
기타 선진국	2.6	1.6	2.0
이머징 국가	4.5	3.9	4.6
아시아 이머징 국가	6.4	5.9	6.0
중국	6.6	6.1	5.8
인도	6.8	6.1	7.0
ASEAN-5	5.2	4.8	4.9
유럽의 이머징 국가	3.1	1.8	2.5

출처: IMF Global Financial Stability Report(2019, Oct)

앞의 표는 코로나19 사태 발발 이전에 IMF가 2020년 세계 및 각국의 경제성장률을 전망한 수치다.

쉬어가는 박스권 구간, 경계해야 할
또 다른 대폭락의 가능성

2차 반등기가 끝나면 대세상승기 중간에 잠시 혹은 길게 쉬어 가는 박스권 구간(3단계)이 나온다. 3단계는 전고점 부근에서 치열한 공방을 주고받는 시간이다. 지난 100년 동안 3단계 박스권 구간의 평균 지속기간은 12~24개월 사이였다. 3단계에서 탈출하기까지 걸리는 시간을 결정하는 핵심 요소는 세계경제의 힘이다. 글로벌 경제 회복이 생각보다 빠르면 3단계의 박스권 기간도 짧아지고, 그렇지 않으면 아주 지루하고 긴 시간이 될 수 있다.

다음 그림을 보자. 2008년 미국 금융위기 발발 후 다우지수가 50% 대폭락한 뒤 1, 2차 반등기를 거친 다음 약 15개월의 박스권 장이 펼쳐졌다. 필자가 미국의 경제성장률과 함께 표시한 것처럼, 2차 반등기 후반부에 그리스에서 시작된(2010년 4월 발발) 유럽발 금융위기가 스페인과 이탈리아로 번졌다. 미국 경제성장률도 갑작스럽게 하락했고, 주식시장도 큰 폭의 조정을 받았다. 그리고 스페인과 이탈리아를 거치며 유럽 금융위기가 정점을 지날 때가지 미국 주식시장의 3단계 박스권 구간은 15개월 동안 지속되었다.

만약 이번 대세상승기에도 1, 2차 반등기를 지난 후 박스권 장에 진입할 때 비슷한 경제위기가 재발한다면 어떻게 될까? 필자가 조심스럽게 예측하는 시나리오는 2가지다. 하나는 중국발 금융위기다. 중국의 금융위기가 줄 충격 정도라면 1~2단계 반등 폭을 전부 반납하고 최저

2008년 미국 금융위기 이후, 반등 패턴

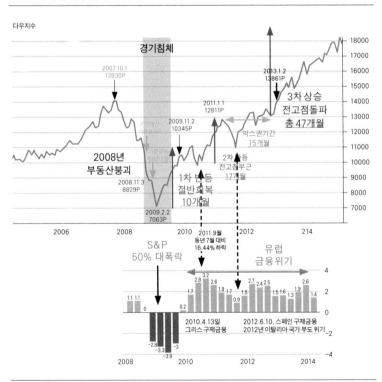

출처: TRADINGECONOMICS.COM I U.S. BUREAU OF ECONOMICS ANALYSIS

점에서 1~4단계 상승기를 다시 시작할 가능성도 있다. 다른 하나는 유럽발 금융위기가 재발하는 시나리오다. 그럴 경우 최소한 앞의 그림과 비슷한 움직임을 보일 가능성이 크다. 유럽발 금융위기가 일어난다면 뇌관은 이탈리아가 될 것이다. 프랑스와 스페인을 비롯한 여러 유럽 국가들이 금융위기 탈출 이후에 이탈리아 국채의 보유량을 대거 늘렸기 때문이다. 가뜩이나 국가 부채가 아주 많은 이탈리아인데, 코로나19 사태로 가장 큰 충격을 받았고, 앞으로 막대한 국채를 발행해서 수습과 회복에 필요한 자금을 조달해야 한다. 당연히 국가 부채는 더욱 증가한다. 코로나19에 대응하기 위해 전국을 셧다운하는 최강수를 두었기 때문에 이탈리아는 경제 활동의 공백이 크다. 그만큼 은행의 부실 위험도 커지고 있다. 유럽발 금융위기 이후, 이탈리아 은행들은 유럽 금융시스템의 가장 약한 고리로 평가받고 있다. 이탈리아의 은행권은 이탈리아의 국채 발행 물량 2조4천억 달러 중 4분의 1을 보유하고 있다. 이번 위기로 그 규모는 더욱 늘어날 것이다. 만약 이탈리아가 2021년까지도 경제적 충격에서 벗어나지 못한다면 국제시장에서 자금을 조달하는 비용이 올라가면서 금융권을 중심으로 외채 위기가 재발할 수 있다. 정부 재정이 파탄 나도 상황은 비슷해진다. 이탈리아가 무너지면 유럽은 운명 공동체이므로 함께 거대한 위기로 빨려 들어간다.

중국이나 유럽발 금융위기만큼은 아니지만, 신흥국의 금융위기 가능성도 눈여겨 볼 필요가 있다. 2008년 글로벌 금융위기 이전까지만 해도 GDP 대비 70% 수준으로 안정적이었던 신흥국들의 부채 규모가 2019년에는 165%까지 증가했다. 이번 위기를 거치며 규모는 더욱 커질 것이다. 최근 2년 동안 아르헨티나 통화인 페소의 가치는 60~70% 폭락했고 물가도 50% 이상 치솟았다. 국가 부채가 GDP의 90%에 이르면서 아르헨티나의 디폴트(국가 부도) 가능성이 거론되고 있다. 터키, 남아프리카공화국과 더불어 유가가 폭락하면서 베네수엘라, 콜롬비아, 멕시코 등 상대적으로 가난한 산유국들도 위기 국면으로 빠져들고 있다. 코로나19로 세계 공급망의 회복이 늦어지면 제조업 중심의 동아시아 신흥국, 원자재 수출로 국가를 지탱하는 브라질, 인도, 칠레, 페루 등 신흥국의 경제 위기 가능성도 커진다. 신흥국의 파산이나 금융위기는 미국이나 유럽, 중국 등 강대국 주식시장에 큰 충격을 줄 요소는 아니다. 하지만 상승 속도를 늦추는 요소로 작용할 가능성은 크다.

이번에 시작된 대세상승기 3단계 박스권 장에서 이런 일이 일어나면 어떻게 대응해야 할까? 투자자 입장에서는 미리 준비만 하고 있다면 위기를 기회로 바꿀 수 있다.

최근 세계적 투자자 짐 로저스 회장은 블룸버그 통신과의 인터뷰에서 미국 증시가 당분간 반등세를 보일 수 있겠지만, 앞으로 몇 년 안에 우리 생애 최악의 하락장이 올 수 있다고 경고했다. 코로나19발 경제 마비를 탈출하기 위해 막대한 적자 재정을 무릅쓰고 부채를 일으킨 상태에서, 언젠가 기준금리를 다시 인상하기 시작하면 대충격이 금융시장을 강타할 수 있다는 전망이다. 짐 로저스 회장이 경고한 위기가 일어난다면 가장 확률적으로 높은 시점은 3단계 박스권 구간이 될 것이다.

코로나19, 가을에
한 번의 고비가 더 온다

　2차 상승기 후반 혹은 3단계 박스권 구간에서 주의해야 할 고비가 하나 더 있다. 시점은 2020년 10월부터 2021년 2월까지로 코로나19 두 번째 유행기다. 다음 그림은 1918~1919년의 스페인 독감과 2009~2010년 유행했던 신종인플루엔자 팬데믹의 패턴을 보여준다. 그림에서 보듯이 팬데믹을 일으킨 전염병은 2년에 걸쳐서 크게 3번의 대유행기를 갖는다. 스페인 독감은 1918년 봄에 시작해서 여름에 접어들며 1차 유행first wave이 끝났다. 그리고 여름에 일시적으로 소강 상태를 보이다가 1918년 10월부터 2차 유행기second wave에 진입했다. 뉴욕, 런던, 파리, 베를린, 한국 등 전세계 대부분의 국가가 2차 대유행 기간에 가장 큰 피해를 입었다. 그리고 이듬해 3월에 3차 유행기third wave를 지나며 종식되었다.

　2009~2010년에 팬데믹을 일으키며 전세계를 강타했던 신종인플루

엔자도 비슷했다. 그림에서 보듯이, 2009년 봄에 1차 유행이 작게 일어났다. 여름에 잠시 소강 상태에 빠지며 사람들을 안심시켰지만, 10월부터 이듬해 2월까지 전세계를 강타하면서 가장 큰 피해를 냈다. 그리고 2010년 봄에 마지막 3차 유행기를 지나면서 종식되었다. 이번에도 비슷하게 전개될 가능성에 대비해야 한다.

2020년 4월 12일 기준, 전세계 코로나19 감염자는 1,838,297명이다. 사망자는 113,329명이다. 2020년 10월경부터 2차 유행기에 진입한 후 피해 규모가 드러나야 현재 1차 유행의 피해가 스페인 독감이나 신종

1918~1919년 스페인 독감 팬테믹 사망자(1000명당 사망자수, 주간)

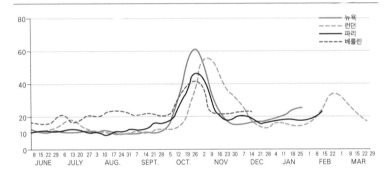

2009 봄~2010 봄, H1N1 팬데믹

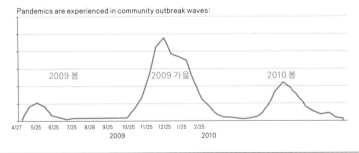

출처: www.columbuspandemicflu.com

인플루엔자 때처럼 가장 작은 규모였는지, 아니면 이번에는 이례적으로 1차 유행기가 2차 유행기보다 피해 규모가 큰 것이었는지 판단할 수 있을 것이다. 현재까지의 피해 규모도 엄청난데 과거의 일반적인 패턴처럼 이번에도 2020년 10월경부터 시작될 제2차 유행기가 현재의 1차 유행기보다 더 커진다면 감염자 규모가 (4월 12일 기준으로만 잡아도) 최소 1억 명에서 최대 2억 명에 이를 것이다.

자칫 현재 진행중인 1차 유행기가 5~6월에 이르러야 마무리된다면 그 때까지 감염자 숫자는 현재보다 2~3배 많아질 수 있다. 이를 감안하면 2020년 3월 26일에 영국 임페리얼 칼리지 런던 대학 연구팀이 발표한 시뮬레이션 2에 해당하는 확진자 수 4억 7천만 명, 사망자 수 186만 명에 근접하는 일이 벌어질 가능성이 충분하다. 아마도 런던 대학 연구팀도 2차 대유행기를 염두에 두고 계산한 결과인 듯 보인다.

팬데믹을 일으키는 전염병이 1차보다 2차 유행기에 더 큰 피해를 주는 원인에는 몇 가지 이유가 있다.

첫째, 속도 차이다. 1차 유행기는 단 한 곳의 진원지에서 전염이 시작된다. 하지만, 2차 유행기는 1차 유행기를 거치면서 바이러스가 전세계 많은 지역에 퍼져서 다음 유행기는 여러 진원지에서 동시에 퍼지기 시작한다. 단 한 곳에서 전염이 시작되어 전세계로 퍼지는 속도와 전세계 많은 지역에서 동시에 전염이 시작되어 확산하는 속도는 완전히 다르다. 2차 유행기가 1차 유행기보다 감염자 수와 사망자 수가 더 많을 수밖에 없는 근본적 이유다.

둘째, 바이러스 생존과 활동 환경의 차이다. 1차와 2차의 속도 차가 존재하는 상황에서 1차 유행기는 겨울에 시작해서 봄으로 진행한다.

하지만 2차 유행기는 가을에서 시작해서 겨울로 진행한다. 2020년 3월 13일, 홍콩 사우스차이나모닝포스트SCMP의 보도에 따르면 미국 메릴랜드 대학 연구팀은 최근 발표한 논문에서 초기에 코로나19 바이러스가 집중적으로 일어난 국가들의 위치가 북위 30도에서 50도에 위치한다는 사실을 밝혀냈다. 해당 위도는 기온 5~11도, 습도 47~49%라는 기상 조건을 가졌다. 연구팀에 따르면 코로나19 초기 확산 당시 섭씨 0도 이하의 최저 기온을 기록한 도시는 없었다. 당시 연구팀은 3월과 4월의 평균 기온 데이터를 분석하여 앞으로 시간이 지나면서 점점 더 높은 위도 지역으로 코로나19가 순차적으로 확산할 가능성을 예측했다. 이들의 예측대로 시간이 지나면서 미국 북동부, 중서부, 캐나다 브리티시컬럼비아 주, 영국과 중국의 북동부 등으로 코로나19가 북상했다. 이 연구가 밝혀낸 핵심은 코로나19 바이러스의 생존과 활동 환경이었다. 영하의 기온이었던 도시들이 봄이 되면서 점점 기온이 높아지며 코로나19가 활발하게 활동할 수 있는 환경으로 변하자 확산 지역이 빠르게 늘어난다는 것이다. 실제로 스페인 독감과 신종 인플루엔자 팬데믹 시기에도 바이러스가 가장 빠르게 확산하고 독성이 강력했던 계절은 겨울이 아니라 봄과 가을이었다.

1차 유행기는 겨울에서 봄으로 가는 시기에 일어나지만 2차 유행기는 거꾸로 가을에서 겨울로 가는 시기에 일어난다. 1차 유행기는 바이러스가 생존하고 활동하기 좋은 환경을 유행기의 중반 혹은 후반에 만난다. 하지만 2차 유행기는 코로나19 바이러스가 생존하고 활동하기 가장 좋은 가을 환경을 유행기의 시작점부터 만난다.

셋째, 바이러스는 강력하고 빠르게 2차 유행기를 시작하는데, 이때

인간의 면역력은 거꾸로 하락한다. 환절기이기 때문이다. 겨울에서 봄으로 전환하는 과정에서 나타나는 환절기보다 무더운 여름을 지나 가을로 접어들면서 갑자기 기온이 떨어지는 환절기가 노약자에게는 좀더 위험하다.

이처럼 2차 유행은 3가지 조건이 합쳐지면서 강력한 시너지를 만들어낸다. 전세계에 동시다발로 확산이 이루어질 수 있는 진원지가 각국에 만들어진 조건에서, 바이러스의 생존력과 활동력(독성)이 유행 초기부터 강력해지는 기후를 만나, 환절기에 면역력이 낮아진 인간을 만나게 되는 것이다. 이런 이유로 과거부터 최근까지 대부분의 전염병은 2차 유행기 때 가장 강력하고 피해가 컸다. 이번에도 2차 유행기가 비슷하게 전개될 가능성이 충분하다. 우리는 코로나19의 1차 유행기에 이미 강력한 충격을 받았다. 2차 유행기가 1차보다 더 강력하고 크다면 문제는 아주 심각해진다. 기업이나 국가 경제에 가해지는 충격도 훨씬 더 커질 것이다. 이번에도 2차 유행기가 이런 식으로 일어난다면 최악의 시나리오가 된다.

지금까지의 자료를 보면 코로나 19의 전파력은 사스의 10배에 이르며 감염자의 10~20% 정도가 입원 치료가 필요하다. 만약 2차 유행기에 단기간에 폭발적으로 확진자가 증가한다면 의료시스템이 붕괴해서 낮은 치사율도 불구하고 사망자가 크게 증가할 가능성이 있다.

참고로 바이러스 백신은 3차 유행을 거치며 종식된다. 인간의 60%가 감염되면 자연적으로 집단 면역력이 형성되기 때문이다. 스페인 독감 역시 3번의 유행을 거치고 마무리되었다. 이는 치료제나 백신이 없는 상태로 거의 전세계에 퍼져서 집단적인 면역력이 생겼기 때문에 계절성 독감으로 전환된 것이다.

다행히 최악의 시나리오를 피할 가능성은 커지고 있다. 먼저 1차 유행기의 충격이 워낙 강력했기 때문에 바이러스에 대응하고 극복하는 과정에서 다양한 노하우와 해법을 발견했다. 둘째, 백신은 빨라야 2020년 겨울이나 2021년 봄에나 가능하지만, 치료제는 2차 유행기 전에 나올 가능성이 크다. 다음 그림은 미국 CDC에서 유행성 인플루엔자 발생 시 바이러스 억제제 비축 물량 규모에 따라서 입원자나 사망자 규모가 어떻게 차이가 날 수 있는지를 시뮬레이션한 연구 결과다. 연구팀은 1918~1919년에 유행했던 스페인 독감 사례를 가지고 3가지 시뮬레이션을 만들었다. 시뮬레이션 1은 바이러스 억제제 치료를 전혀 못했던 당시 실제 상황이다. 시뮬레이션 2는 전체 인구의 20%에 사용할 수 있는 바이러스 억제제를 비축했을 때다. 시뮬레이션 3은 10% 인구 분량의 억제제를 준비했을 경우다. 그림에서 보듯이, 시뮬레이션 2의 경우에는 대응력이 전무한 상황에 비해 절반 수준으로 피해 규모를 줄일 수 있다.

코로나19의 1차 유행기는 바이러스 억제제가 전무한 상태는 아니었지만 감염자 수가 폭발적으로 증가하면서 의료시스템이 붕괴하거나 크게 흔들리면서 상당한 피해를 냈다. 하지만 2차 유행기에는 현재보다 더 많은 바이러스 억제제를 준비하고, 치료제도 개발을 완료하며, 1차 유행기에서 학습한 대응 방법을 체계화한다면 시뮬레이션 2 수준으로 피해 규모를 줄일 수 있을 것이다. 만약 그렇게 된다면 이번 1차 유행기 피해 규모와 비슷한 수준에서 2차 유행기를 극복할 가능성도 있다. 그럼에도 불구하고, 각국 경제가 입을 피해는 작지 않을 것이다. 그럴 경우 급반등 하던 주식시장도 상승 기간과 높이가 축소될 수 있다.

다음 페이지의 그림을 보자. 스페인 독감 때는 2차 반등기에서 전고점을 돌파한 후, 3단계에서 주식시장이 대폭락했다. 그 이유로는 스페인 독감이 대유행을 하는 시점에 전세계가 락다운을 시행한 것과 청장년 사망자가 많았던 후유증이 각국의 경제를 강타해서 1919년 말부터 글로벌 경기가 크게 침체했기 때문이다.

만약 가을부터 시작될 2차 유행기가 현재 진행되는 1차 유행기 정도의 피해를 준다면 2차 반등기 후반이나 박스권 구간에서 각국의 주식시장이 한 번 더 폭락할 가능성이 있다. 투자자는 이에 대한 시나리오와 대응 전략도 미리 준비해야 한다.

스페인 독감 시뮬레이션

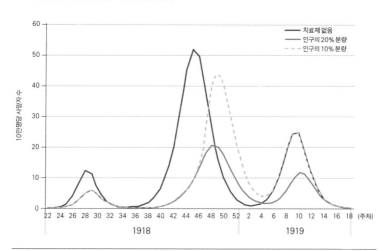

유행성 인플루엔자 발생 시, 바이러스 억제제 비축 물량 규모에
따른 입원자 및 사망자 규모 차이에 관한 연구

출처: "Potential Impact of Antiviral Drug Use during Influenza Pandemic" Raymond Gani, Helen Hughes, Douglas Flemingt, Thomas Griffin, Jolyon Medlock and Steve Leach
Author affilliations: Health Protection Agency, Salisbury, Wiltshire, United Kingdom: Royal College of General Practitioners, Harborne, Birmingham, United Kingdom

1918~1919년 스페인 독감 유행 전후 미국 주식시장 변화 추이

스페인 독감 팬데믹 1918~1919년 미국과 유럽의 사망자 수
(1000명당 사망자수)

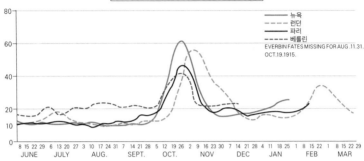

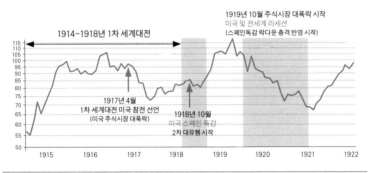

3차 상승기,
최고의 수익을 주는 구간

대세상승기의 대미를 장식할 마지막 4단계는 전고점을 돌파하고 역사적 신고점을 향해 돌진하는 3차 반등기이다. 6차 대세상승기에 다우지수는 대폭락 전의 최고점인 13930포인트를 넘어선 후 30000선까지 상승했다. 대폭락과 대상승기가 묶여서 한 쌍으로 진행되는 시기에 가장 큰 수익을 거둘 수 있는 구간이 비로 마지막 3차 상승 구간이다.

네 차례의 3차 반등기를 분석한 그림을 살펴보면, 공통적으로 발견되는 재미있는 특징 한 가지가 있다. 3차 반등기는 대세상승기에 일어나는 3번의 반등 중에서 주가 상승률이 가장 높지만, 그 시기의 경제성장률은 2차 반등기에 비해 확실한 차이가 날 만큼 좋지는 않다. 오히려 더 낮은 경우도 많다.

왜 그럴까? 필자의 분석으로는 경제성장률이 2차 반등기보다 낮더라도, 이 시기에 얼마나 안정적으로 유지되는지 혹은 내려가도 하강 속

미국 6차 대세상승기(2009.6~2020.1) 분석

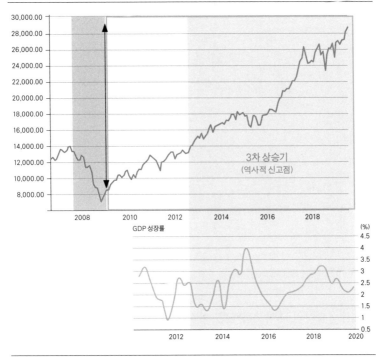

출처: TRADINGECONOMICS.COM I U.S. BUREAU OF ECONOMICS ANALYSIS

도가 얼마나 완만한지에 달려 있는 듯하다. 3차 대세상승기처럼 아주 빠르게 경제성장률이 하락하면 그만큼 3차 반등기도 빠르게 끝난다.

과연 "이번 코로나19 팬데믹처럼 특별한 상황 이후에도 3차 반등기가 나타날까?" 특별한 사건 혹은 특별한 상황에 따라 3차 반등기의 시점과 폭은 달라질 수 있다. 하지만 100년이 넘는 주식시장의 역사에서 아직까지 한 번도 '붕괴 → 회복 → 버블 → 신고점'의 패턴을 벗어나 주가가 움직인 적이 없다. 이번에도 논리적으로 확률적으로 같은 패턴으로 미래가 펼쳐질 가능성이 매우 크다. 다음 그림이 보여주는 지난 30년

미국 5차 대세상승기(2003.6~2007.10) 분석

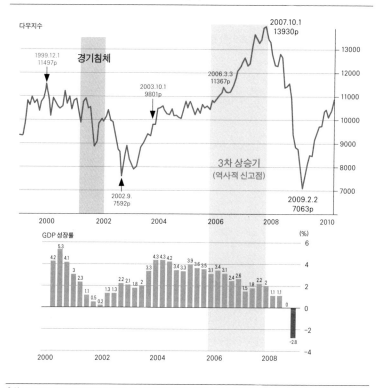

출처: TRADINGECONOMICS.COM I U.S. BUREAU OF ECONOMICS ANALYSIS

미국 다우지수의 움직임에서 어떻게 같은 패턴이 반복되면서 주식시장이 상승해왔는지 확인하며 연구해보라.

미국 4차 대세상승기(1991~1999년) 분석

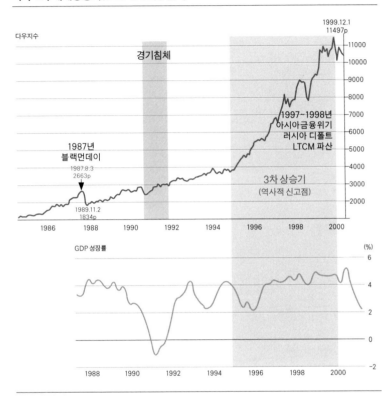

앞으로 3년, 대담한 투자

미국 3차 대세상승기(1983~1987.7) 분석

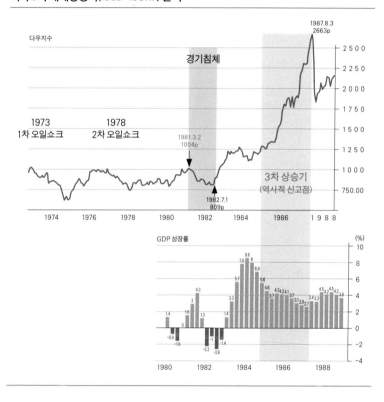

지난 30년, 미국 주식시장 붕괴, 회복, 버블, 신고점 패턴

돈은 어떻게 주가를 움직이나, 그 이치와 규칙

주식시장에서 하락과 상승의 패턴을 만드는 것은 실적과 심리다. 실적은 기업이나 국가 전체의 펀더멘털이다. 개인 투자자가 펀더멘털을 쉽게 알 수 있는 경제지표는 경제성장률과 기업의 실적 보고서다.

심리는 투자자가 품고 있는 미래에 대한 기대다. 어떤 사람은 미래에 추가 상승할 것을 기대하여 펀더멘털의 가치보다 더 비싼 가격(버블 가격)을 부르고, 다른 사람은 미래를 비관하여 펀더멘털보다 더 싸게 평가한다. 시장에 참여하는 투자자들 사이에서 늘 이 두 가지 심리가 싸운다. 돈의 힘은 시장의 심리를 바꾼다. 돈이 시장에 많이 들어오면 추가 상승 심리가 강해지고, 돈이 시장에서 빠져나가면 하락

심리가 강해진다. 연준이나 한국은행이 금리를 올리고 내리면서 시장의 통화량, 즉 돈의 양을 조정하는 원리가 여기에 있다. 기업의 펀더멘털이 같아도 시장에 풀린 돈의 양에 따라 가격은 달라진다. 돈의 양에 의해 버블 가격의 크기가 정해진다. 개인 투자자가 시장의 심리 경쟁을 쉽게 알 수 있는 경제지표는 물가(인플레이션율), 기준금리와 통화승수(중앙은행이 발행한 통화 대비 시중의 총통화량(M2)의 비율로 시중에서 돈이 도는 속도를 나타낸다) 등이다.

돈의 힘은 실적에도 간접적 영향을 미친다. 시중에 돈이 많이 돌면, 소비자의 소비 규모가 커진다. 소비자가 돈을 많이 쓰면, 돈의 양(통화량)이 상품 양보다 많아진다. 돈의 양이 많아지고 상품 양이 부족하면 상품 가격이 올라간다. 상품 가격이 올라가면, 기업의 매출과 영업이익이 상승한다. 기업의 매출과 영업이익이 상승하면 경제성장률도 높아진다. 기업의 영업이익과 국가의 경제성장률이 높아지면 다시 기업의 주식 가치도 상승한다.

결국 주식시장의 하락과 상승 사이클을 만드는 가장 중요한 힘은 돈의 양이다. 투자자가 신용(부채) 사이클을 잘 살펴야 하는 이유이다. 정리하면 실적에 근거한 적정 가격에 돈은 간접 영향을 주고, 투자자의 심리 게임과 연관된 버블 가격에는 직접 영향을 준다. 결국 주식시장의 하락과 상승 패턴을 만드는 2가지 힘인 실적과 심리 밑에 있는 근본 힘은 돈이다.

주식시장이 하락과 상승을 반복하는 것을 패턴이라고 한다. 돈은 주식시장의 하락과 상승 사이클에도 영향을 준다. 돈의 규모(통화량)

와 유통 속도(통화승수)가 사이클에 영향을 준다. 돈의 규모가 얼마나 증가하느냐, 반대로 얼마나 감소하느냐에 따라서 사이클이 상승과 하락으로 달라진다. 돈의 규모가 증가하거나 감소하는 속도에 따라서 사이클의 주기가 달라진다. 빠르고 크게 증가하면 주식 가치 상승 사이클도 아주 빠르고 높게 형성되고, 느리고 작게 증가하면 주가의 상승 사이클도 천천히 움직인다.

돈, 실적, 심리, 주식 가격을 연관시켜 길게 설명하는 이유가 다음 그림에 있다. 1990년대부터 미국 주식시장의 변화가 경제성장률, 인플레이션율(물가), 화폐 유동성(돈의 규모 변화)과 어떤 상관관계를 갖고 있었는지를 보여주는 그림이다. 거시적인 사이클의 진행 단계는 이렇게 전개된다.

유동성의 막대한 확장 → 경제성장률 회복 → 인플레이션 상승(후행) → 기준금리 인상(대응) → 경제성장률 하락(후행) → 기업 이익률 하락 → 자산버블 붕괴 → 유동성의 막대한 확장으로 새로운 사이클 시작

이 그림은 몇 가지 중요한 점을 시사한다. 우선 그림에 필자가 표시해 놓은 몇 가지 규칙과 사이클은 대세상승기의 1~4단계를 좀더 잘 이해하는 데 도움을 준다. 주식 가격이 상승하고 하락하는 것은 아무런 원칙이나 이유없이 무작위로 일어나지 않는다. 여러 번 대세상승기가 있었지만 상승과 하락 움직임은 한 번도 똑같지 않았다. 하

지만 이치, 원칙, 규칙이 반복해서 작동했다.

먼저 기본 이치다. 주식시장의 하락과 상승의 거시적 움직임은 경제성장률(펀더멘털, 기본 가격)과 인플레이션율(물가, 버블 가격)과 동기화되어 한 몸처럼 움직인다. 앞에서 말했듯 경제성장률(펀더멘털)과 인플레이션율(버블)에 영향을 미치는 근본적 힘은 돈이다. 돈의 힘은 돈의 규모와 속도에서 나온다. 돈의 규모(증가, 감소)를 결정하는 것은 기준금리다. 기준금리가 높아지면 돈의 규모가 감소하고 기준금리

미국-경제성장률, 인플레이션, 유동성, 주식시장 관계 비교

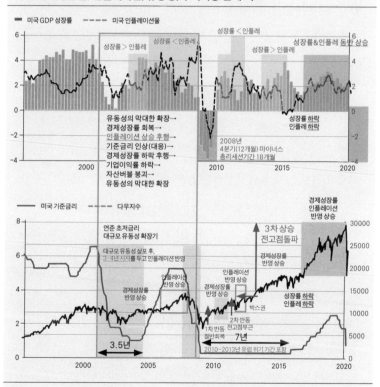

가 낮아지면 규모가 증가한다.

돈이 도는 속도는 약간 다르다. 중앙은행이 돈을 많이 푼다고 해서 돈이 시장에서 도는 속도가 곧바로 증가하지는 않는다. 돈이 도는 속도는 시장 분위기가 결정한다. 예를 들어 시장에서 최소한 불황기가 거의 끝나간다는 분위기가 형성되어야, 즉 투자나 소비로 돈을 쓰려는 심리가 강해져야 화폐 유통 속도가 증가한다. 자본주의 사회에서는 개인이나 기업이 돈을 은행 등에서 빌려 투자를 해야 매출과 영업이익이 늘어난다. 사람들이 돈을 빌리지 않으면 경제 성장률이 낮아지거나 마이너스가 된다. 중앙은행이 기준금리를 제로로 내려서 시중은행에 돈을 많이 공급해도 사람들이 돈을 빌리러 오지 않으면 아무 소용이 없다. 돈을 빌리려는 사람들이 많아야, 중앙은행이 기준금리를 낮추고 본원 통화를 늘려 시중은행에 푼 돈이 시장으로 들어가 도는 속도가 빨라지고 그 결과로 인플레이션율이 올라간다. 그런데 돈이 도는 속도와 규모가 너무 커지면 인플레이션율이 정상보다 높아져서 경제가 불안정해진다. 중앙은행은 과도한 인플레이션이 발생하면 기준금리를 인상해서 돈의 규모와 유통 속도를 낮춘다. 이런 순서를 잘 이해하면 대세상승기의 4단계가 펼쳐지는 시점을 대략적으로 예측하는 지혜를 얻을 수 있다.

이런 이치 위에서 몇 가지 규칙이 작동한다. 그림에 필자가 표시해 놓은 것들을 자세히 살펴보자. 미국 연준처럼 중앙은행이 기준금리를 제로로 내려 유동성을 대규모로 확장시키면 후 3~4년의 시차를 두고 (기준금리 인상을 단행해야 할 정도로) 인플레이션율이 크게 상승한다. 이것이 첫 번째 규칙이다. 이 규칙을 따르면, 미국 연준이 기준금리 재인상을 시작할 시점을 대략 추정할 수 있다. 이때 일반적으로 2가지 시나리오가 있다. 하나는 기준금리를 제로로 내린 후 더 이상의 큰 경제위기가 발생하지 않으면 3~4년 후에 기준금리 재인상을 시작한다. 2020년 기준금리 제로 인하를 기준으로 보면, 2023~2024년이다. 또 다른 시나리오도 있다. 기준금리를 제로로 내렸지만, 3~4년 안에 (2008년 금융위기 후 2011~2013년 다시 유럽 금융위기가 발생한 것처럼) 추가적인 대형 경제위기가 발생하는 경우다. 이럴 경우에는 그림에서 보듯이 그 기간만큼 더 기준금리 인상을 늦추고 경기 회복을 기다려야 한다. 2009년 이후 7년 동안 제로 금리를 유지한 이유가 여기에 있다. 이번에도 비슷한 상황이 벌어지면, 기준금리 재인상 시기는 2027년 전후가 될 수 있다.

두 번째 규칙은 연준이 기준금리를 급하게 올리면 주식시장의 폭락을 대비해야 한다는 것이다. 시차는 다르지만, 급격한 기준금리 인상 후에는 언제나 주식시장의 거품을 걷어내는 대조정 혹은 대폭락이 후행後行했다.

세 번째 규칙은 상승과 연관된다. 그림에서 표시해 둔 것처럼, 주식시장의 상승과 하락의 조건을 성장률(실적)과 인플레이션율(버블)의 조합으로도 설명할 수 있다. 두 가지를 조합하여 4가지 조건을 도출할 수 있다.

- 성장률(실적) > 인플레이션율(버블) → 3차 반등기 형성

- 성장률(실적) < 인플레이션율(버블) → 박스권 혹은 4차 반등기 형성
- 성장률(실적)과 인플레이션율(버블) 동반 하락 → 대폭락 혹은 대조정기 형성
- 성장률(실적)과 인플레이션율(버블) 동반 상승 → 3차 반등기, 높은 상승 곡선 형성

4가지 조합 중에서 3가지 조건에서는 주식시장이 상승하고, 나머지 1가지 조건에서는 하락한다. 성장률과 인플레이션율 모두 하락하고 바닥을 치면 대폭락이나 대조정이 일어난다. 하지만 둘 중 하나면 올라가도 주식시장은 상승한다.

성장률(실적)이 인플레이션율보다 높은 경우에는 주가가 상승한다. 실적이 상승을 주도하는 시기이다. 이 단계는 경제성장률(펀더멘털)이 상승의 주요 힘인 대세상승기의 2단계인 2차 반등기에 해당한다. 이런 장세는 2000년 이후 3번 나타났다.

인플레이션율이 성장률보다 높은 경우에도 주가는 상승한다. 분기별 실적 성장률이 낮아져도 성장을 계속하고 있는 상황에서 돈의 양이 빠르게 증가하는 조건이다. 실적이 나쁘지 않은 상황에서 돈이 시장을 주도하는 시기로서 높은 인플레이션율이 주가에 반영되어 상승하는 시점이다. 이 단계는 대세상승기의 3~4단계인 박스권과 3차 반등 구간에 해당한다. 이런 장세는 2000년 이후 2번 나타났다.

만약 성장률과 인플레이션율이 동반해서 상승하는 기간이 길면

상승 규모가 매우 커진다. 한 마디로 실적도 아주 좋은 상황에서 인플레이션율도 안정적으로 높아지는 상황이다. 이 단계는 대세상승기 4단계인 3차 반등기에 나타나는 경향이 있다. 그림을 보면 2020년 대폭락 직전까지 경제성장률과 인플레이션율이 동반 상승하면서 주가가 꽤 높이 올랐다. 2001~2002년 IT버블 붕괴 직전에도 아주 높은 경제성장률과 안정적인 인플레이션율 상승이 동반하면서 상당히 크고 긴 3차 반등기를 형성했었다.

주의할 점이 한 가지 있다. 지금까지 설명한 이치와 규칙은 거시적 움직임을 읽고 장기투자하는 경우에는 잘 들어 맞지만 미시적 움직임을 이용한 단기투자에 적용해서는 안 된다. 주식시장의 단기적 움직임은 마치 술취한 사람의 지그재그 발걸음처럼 랜덤 워크random walk를 한다. 작전 세력이나 거짓 정보의 영향도 받는다. 그래서 일정한 규칙을 찾기가 거의 불가능하다. 하지만 거시적 움직임은 겉모양은 달라도 그 이면에서 작동하는 상당히 일관된 이치와 규칙을 따라 움직인다.

2020년에 시작된 7차 대세상승기에도 거시적 움직임은 근본 이치에 기반을 둔 일정한 규칙을 따라 움직일 가능성이 아주 크다.

추가로 한 가지 더 알아두면 좋은 팁이 있다. 실적 변화에 시장이 대응하는 방식을 이해하면 주식시장에 대한 안목을 한 단계 더 높일 수 있다. 경제성장률이나 기업의 실적 발표는 주가보다 후행한다. 한 달 혹은 분기마다 발표하기 때문이다. 이럴 경우에 시장은 어떻게 의사결정을 할까? 투자자마다 나름의 노하우가 있겠지만 어느 경우에나 적용할 수 있는 근본 원칙이 있다. 성장률이든 인플레이션율이든 실제 지표가 발표되기 전에 주식시장은 실물시장의 최근 경제 분위기를 경험한 후 앞으로 나올 숫자를 예측하여 주식 가격에 선반영한다. 그리고 해당 지표가 실제로 발표된 후 미리 반영한 예측치를 기준으로 판단해서 가격을 다시 조정하게 된다.

예를 들어 근래 몇 주 혹은 1~2개월 동안 경제 또는 기업의 분위기가 좋았다. 소비가 느는 것을 실물시장에서 직접 확인했다. 그러면 당연히 이런 분위기를 반영한 경제성장률이나 기업 실적 지표가 후행해서 나올 것이라고 예측한다. 그리고 이런 예측이 실제 지표가 발표되기 전에 선행해서 주식 가격에 반영되어 가격이 오른다. 그 후에 지표나 실적 발표 시기가 되면 시장은 발표된 숫자를 확인한다. 그래서 예측보다 실적이 더 좋았다면, 곧바로 해당 주식 가격이 추가로 상승한다. 반대로 실제로 나온 지표를 확인해 보니 예측보다 실적이 안 좋았다면 이미 선반영한 가격에서 횡보하거나 하락한다.

5장
—

한국 시장,
무엇을 사야 하나?

○

future signals

○

한국 시장에 투자할 때
꼭 생각해야 할 것들

막상 시장에 들어가보면 밖에서 지켜볼 때와는 매우 다르다. 어제 크게 올랐다가 내일 폭락하는 일이 몇 번 반복되기만 해도 모든 것이 불확실하고 불안해진다. 지금처럼 변동성이 큰 시장에서 투자하려면 위기의 특징을 정확히 이해하는 것 외에 내가 투자하는 시장의 속성과 배경에 대한 이해도 중요하다. 특히 한국 시장에 투자할 경우는 더욱 그렇다. 한국 주식시장에 투자하려는 독자들에게 필자가 가장 먼저 하고 싶은 말이 있다.

"과거와는 다르다."

당연히 대폭락 후 한국 주식시장도 대세상승장이 온다. 그것은 과거와 같다. 하지만 대세상승장에서 수익을 내는 종목과 그렇지 못한 종목, 크게 상승할 종목과 그렇지 못할 종목은 과거와는 매우 달라질 것이다.

세상에는 반복되는 것이 분명 있다. 미래학자가 패턴을 찾고 사이클을 분석하는 이유다. 하지만 미래는 과거와 똑같이 반복되지는 않는다. 큰 변화의 시기에는 매우 중요한 것들이 바뀐다. 경쟁의 구도나, 부의 지도, 생활양식과 세계관 등도 바뀐다. 이런 변화에 어떻게 대응하는지에 따라 기업의 생존과 희비도 엇갈린다.

대폭락 전까지 주식시장을 이끌던 우량주가 대폭락 과정에서 가격이 많이 떨어졌다. 이 주식은 다시 반등할 때가 오면 예전의 왕좌로 복귀할 수 있을까? 이번 대폭락 이후의 투자시장에서 개인투자자가 가장 많이 쓸어 담은 주식이 삼성전자다. 삼성전자는 대세상승장 1단계(1차 반등기)에는 당연히 상승한다. 그래서 1차 반등기까지만 삼성전자를 보유하고 있다가 매도하여 수익을 실현할 것이라면 괜찮은 의사결정이다. 하지만 2차, 3차 반등기에도 삼성전자는 투자자에게 시장 평균 수익률보다 더 높은 수익을 안겨줄 수 있을까? 삼성전자를 사는 게 위험하다거나 성과가 안 좋을 것이라고 단정하는 것이 아니다. 얼마 전까지 그랬으니 앞으로도 그럴 것이라는 단순한 사고방식이 위험하다는 말이다.

위기를 거치며 많은 것이 변한다. 현재 한국 기업의 글로벌 경쟁력은 빠르게 하락하고 있다. 극단적으로 말하면 삼성전자 하나를 제외하고는 거의 모든 기업들이 중국에게 밀리고, 일본의 압박에서 자유롭지 못하고, 미국과 독일에게 앞길이 가로막혀 있다. 삼성전자의 경쟁력이 언제까지 이어질지 의심해봐야 한다. (이에 대한 자세한 필자의 분석과 예측

은 '앞으로 5년, 대담한 반격(지식노마드, 2020년 상반기 출간 예정)'을 참고하라)
어쩌면 2~3차 반등기에도 삼성전자는 좋은 수익을 줄 수 있다. 설령 그
렇더라도 한 종목에 몰빵하는 것은 아주 위험한 전략이다. 현명한 투
자 전략이 아니다. 수백 년의 투자 역사가 증명한 사실이다.

최근 언론에서 동학개미군단과 외국인 투자자의 투자 성과를 비교
하는 기사를 실었다. 3월 2일부터 23일까지 개인투자자들은 국내 주
식 순매수 총액의 절반을 쏟아 부어 삼성전자를 매수했다. 개인들의 삼
성전자 평균 매수단가는 4만9533원으로 3월 31일 종가 기준 수익률은
−3.6%다. 한국 개인들이 이번에는 실패하지 않은 듯 보인다. 손실률이
과거에 비해서 크게 개선되었기 때문이다. 그렇다면 기관이나 외국인
은 이번에는 개인들보다 큰 손실률을 기록했을까? 삼성전자를 대량 매
도한 외국인들이 같은 기간 가장 많이 순매수한 종목은 배당을 재투
자하는 방식의 ETF인 'TIGER MSCI Korea TR'였다. 이 상품은 3월
31일 종가 기준으로 +10.9%의 수익률을 기록하고 있다. 외국인과 기관
은 코로나19 팬데믹의 가장 큰 수혜를 입을 것으로 예측되는 셀트리온
을 비롯해서 제약회사 주식을 집중 매수했다. 외국인들이 셀트리온에
서만 올린 수익률이 +30%다.[3]

같은 기간 개인들은 삼성전자로 몰리는 바람에 이런 주식들을 내다
팔았다. 기관은 재택 근무를 비롯해서 외부 활동이 줄고 집에 머무는
시간이 늘것을 예상하고 엔씨소프트, NAVER 등에 투자하여 수익을
올렸다.

---

3 머니투데이, 2020.04.01, "'동학개미' 수익실현 눈앞…외인·기관은 이미 '플러스'"

조금 더 생각하고, 조금 더 전략적으로 움직였다면 하는 아쉬움은 남는다. 대세상승기가 시작되면 투자 심리에 의해 상승하는 1차 반등기에는 삼성전자가 동학개미군단에게 큰 기쁨을 안겨줄 것이다. 하지만 2차 반등기나 3차 반등기에는 어떨지 생각해봐야 한다. 큰 기회에서 의미 있는 큰 수익을 얻어야 할 시기는 2차 반등기와 3차 반등기이다. 팬데믹 이후 많은 것이 변할 것이다. 그 변화의 방향을 공부하고 신중하게 전략적인 선택을 해야 한다. 한국 주식시장에 투자하는 것 자체를 조심스럽게 따져 볼 필요도 있다. 지금은 미국이나 유럽을 비롯해서 글로벌 시장 전체, 주식뿐만 아니라 거의 모든 투자 상품에 개인들이 투자할 수 있다. 따라서 펀더멘털이 중요한 2차 반등기에는 한국과 한국 기업의 경쟁력을 다른 나라의 기업과 비교해서 가장 빠르게 성장할 나라, 글로벌 1등을 기준으로 투자 대상을 선별하는 것이 보다 현명한 선택이 될 것이다.

코로나19가 미국과 유럽을 강타하고 있는 2020년 4월 1일, 한국거래소와 한국상장사협의가 분석한 2019년 한국 기업들의 결산보고서가 발표되었다. 코로나19 피해가 전혀 반영되지 않은 2019년 결산 내용인데도 충격적인 숫자였다. 2019년 유가증권(코스피) 시장 상장사(583개)의 순이익은 2018년 순이익의 절반에 불과했다. 매출은 0.5% 늘었지만, 영업이익은 37% 하락했고, 순이익은 반토막(52.8% 감소)이 났다. 이번 투자 시장에서 개인들이 가장 많이 매수한 삼성전자는 51% 감소를 기록했고, 반도체 시장의 양대산맥인 SK하이닉스의 순이익은 87% 감소했다.

2019년 기업 실적의 악화는 기업의 현금성 자산 감소로 이어졌다.

2019년 3분기 기준, 삼성전자의 현금 자산은 전년 동기 대비 19.59% 감소한 26조6050억원을 기록했다. SK텔레콤은 53.33%, 포스코케미칼은 78.15%, 롯데쇼핑 37.6%, 신세계 36.16%, LG화학 33%, 한화 3.73% 감소했다. 심지어 전체 상장사 중 28.6%는 적자를 냈다. 적자에서 흑자로 돌아선 기업은 49곳, 흑자에서 적자로 전환한 기업은 72곳이었다. 부채 비율은 111.9%로 전년 대비 7.3%p 증가했다.

이 모든 추락에도 이유는 있다. 글로벌 경기침체, 반도체 사이클 약화, 미중 간 무역 전쟁과 일본의 수출 규제였다. 현재 투자시장은 이런 참담한 경영 성적표(펀더멘털)보다 코로나19의 공포에 따른 폭락과 뒤이은 기술적 반등 기대감으로 가득 차 있다. 하지만 코로나19의 충격이 더해져 더 충격적인 숫자가 속속 발표될 것이다. 2019년보다 더 참담한 수준의 매출과 영업이익, 순이익 성적표가 주식시장을 강타할 것이다.

필자는 기업 경영진에게 코로나19 이후에 미중 무역전쟁의 긴장감이 다시 고조될 가능성에 대비에 지금부터 준비해야 한다고 조언하고 있다. 코로나19 위기를 대응하는 것도 벅찬데, 안도의 한숨을 쉴 하반기가 도래해도 한국 기업은 새로운 위기를 맞을지 모른다. 이 역시 2차 반등기에 한국 주식시장이 미국보다 약세를 보일 요인으로 작용할 것이다.

코로나19 팬데믹 이전부터 한국은 이미 소비침체, 기업 경쟁력 약화, 막대한 가계부채 위험 등으로 실물경제가 거대한 늪에 빠져 들고 있었다. 미국은 내수 소비를 비롯한 경제 상황과 금융이 양호한 상태에서 전염병 위기를 맞았다. 상황을 압도하는 코로나19의 충격으로 한국과 미국이 비슷해 보이지만(오히려 한국이 더 나아 보이기도 한다) 코로나19 이면의 진실, 그 이후의 상황을 보아야 한다. 한국과 미국의 펀더멘털이 상당히 다르다는 것이 1차 반등기에는 드러나지 않을 것이다. 2차 반등기부터 박스권을 거쳐 3차 반등기에 이르는 긴 대세상승 과정을 거치며 그 차이는 극명하게 드러날 것이다.

다음 그림을 보라. 1960년대 이후부터 현재까지 한국의 경제성장률 변화 추이다. 특히, 필자가 표시해 놓은 화살표를 주목해 보라. 경기침체가 일어난 후, 경제성장률이 급반등하고, (급반등한 최고점 수치보다는 낮아지지만) 그런대로 높은 성장률을 유지한 후, 장기하락 추세선으로 복귀하는 패턴이다. 아래 그림에서 보듯이, 한국은 경기침체와 급반등 후에 이어지는 높은 성장률 유지 기간이 점점 짧아지고 있다. 2000년대 이후부터 최근까지는 그 간격이 확연히 짧아졌다.

이런 추세가 선진국 대부분에서 일어나는 일일까? 아니면 한국에서만 나타나는 특이한 상황일까? 다음 그림을 보자. 1960년대 이후부터

1960년 이후, 한국 경제성장률 변화 추이

경기침체→급반등→고성장률 유지→장기하락 추세 복귀 패턴
(고성장률 유지 기간 계속 감소)

출처: TRADINGECONOMICS.COM ㅣ THE BANK OF KOREA

현재까지 미국의 경제성장률 변화 추이를 보여주는 그림이다. 한국과
달리 미국은 경기침체와 급반등 후에 높은 성장률 유지 기간이 길게 유
지되고 있다. 1990년대 이후부터 최근까지는 오히려 그 기간이 더 늘어

1960년 이후, 미국 경제성장률 변화 추이

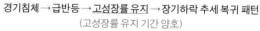

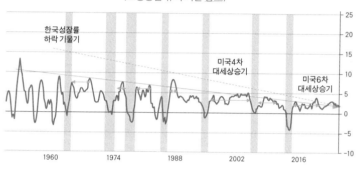

출처: TRADINGECONOMICS.COM I U.S. BUREAU OF ECONOMICS ANALYSIS

미국과 한국, 주식시장 추이 비교 - 지난 25년

출처: TRADINGECONOMICS.COM

났다. 다우지수가 4차 대세상승기와 6차 대세상승기에 역사적인 주식 가치 상승률을 기록한 이유가 따로 있었던 것이다.

미국과 한국의 경제성장률 변화 추이에서 볼 수 있는 이런 차이는 곧 바로 양국의 주식시장 움직임에도 고스란히 반영되었다. 앞의 맨 아래 그림은 2008년 대폭락 이후 미국과 한국의 주식시장 움직임의 차이를 보여주는 그림이다. 대세상승장에서 1~2차 반등기까지는 비슷한 움직임을 보여주었다. 하지만 3단계 박스권과 4단계 3차 반등기에는 확연한 차이가 드러난다. 한국은 2차 반등기에 끌어 올렸던 수익률의 상당분을 박스권장(대세상승기 3단계)에서 반납했다. 미국 다우지수가 3차 반등기(대세상승기 4단계)에서 거침없이 상승하며 역사적인 고점을 연일 경신할 때에도 코스피는 2000선 부근에서 6년 이상 계속 맴돌았다.

앞으로 전개될 상승장에서도 비슷한 차이를 보일 가능성이 크다. 미국과 유럽 경제도 마이너스 성장률을 극복하고 빠르게 회복되고, 한국 경제도 반등할 것이다. 하지만 회복 속도나 시간은 다를 것이다. 한국 주식시장은 그만큼 디스카운트를 적용받을 것이다. 삼성전자라고 예외가 아니다.

더욱이 한국은 부동산 버블 문제가 심각하다. 벌써 강남 재개발 아파트를 비롯해서 불과 몇 달 전까지만 해도 활활 타올랐던 지역들이 싸늘히 식었다. 몇 억원씩 하락한 가격에 급매물이 나오고 있다. 코로나19는 몇 달이 되지 않아서 통제 가능한 수준에 도달할 것이다. 하지만 한국의 부동산 시장과 내수경제는 1~2분기의 시차를 두고 추가 타격을 받을 가능성이 있다. 정부와 중앙은행이 긴급하게 시장에 투입했던 막대한 유동성이 빠르게 소진된 다음에는 위기 이전보다 크게 늘어난 부채 문제가 부각될 것이다. 몇 개월 동안 소비가 극단적으로 눌려 있었기 때문에 위기를 통제한 직후 몇 달 동안은 폭발적으로 늘어날 수 있다. 하지만 더 늘어난 부채와 지난 몇 달간의 코로나19 충격으로 한국 내수시장 전반에 걸쳐 소비력은 작년보다 더 위축될 것이다. 필자는 2019년 말 신년 전망 세미나에서 2020년 한국의 최대 이슈는 '소비 침체'가 될 것이라고 경고했었다. 코로나19 사태 이후 소비가 반짝 늘어나는 기간을 지나면 2021년에도 소비 침체가 한국 경제를 짓누를 가능성이 크다.

2020년 3월이 다 가기 전에 글로벌 신용평가사 무디스는 2020년 한국 경제성장률 전망치를 0.1%, S&P −0.6%, 영국 캐피털이코노믹스는 −1.0%로 낮췄다. 세계 금융시장에 심각한 신용경색이 발생할 경우 한국 경제성장률이 −5.5%~−12.2%까지 대폭 하락할 수 있다는 2020년 3월 30일 노무라 증권의 경고는 아직 가능성이 크지 않아 보이지만, 그렇다고 그냥 흘려 넘길 수만은 없는 상황이다. 이들 기관은 곧 2020년 한국 경제성장률 전망치를 더 내릴 가능성이 크다. 이전 전망치는 코로나19로 인한 경제 마비(글로벌 락다운) 상태가 1~2개월 안에 해결된다는 전제에서 나온 숫자들이기 때문이다.

이런 상황에서 어떤 투자 전략으로 대응할 수 있을까? 대세상승장은 맞는데, 각기 다른 양상과 잠복된 함정이 도사리고 있는 2020~2021년의 투자 시장에서 어떤 선택을 할 것인가? 1차 반등기의 상승만 취하는 전략이라면 이런 문제에 대해 생각하지 않아도 된다. 하지만 1차 반등기에 모든 주식을 팔면 생애 최고의 기회에서 부스러기만 건지는 결과가 될 것이다. 앞에서 강조했듯 큰 수익을 얻으려면 최소

2차 반등기까지는 버텨야 한다. 나아가 대세상승기에서 가장 큰 수익을 주는 3차 반등기를 노려야 한다. 대세상승기 수익률의 50~70% 이상이 3차 반등기에서 만들어지기 때문이다.

2008년 위기 후 1차 반등기의
업종별 패턴에서 배운다

위기 이후에 과거와 같을 것과 다를 것이 무엇인지 구분해보자. 먼저 2008년 금융위기 때 한국 주식시장이 대폭락한 뒤의 대세상승 1차 단계(1차 반등기)에서 어떤 일이 일어났었는지 살펴보자. 2008년 대폭락 이후, 한국 주식시장 1차 반등기 움직임을 분석해 보면 모든 산업, 모든 기업 주식이 같은 속도로 반등하지 않았다. 산업의 특성, 모멘텀, 경기 회복 양상 등에 따라 각각 속도와 상승폭이 달랐다.

우선, 2008년 1차 반등기에 산업별 회복 특성과 속도를 기준으로 크게 5개의 그룹으로 분류할 수 있다.

1그룹

2008년 금융위기 이후 가장 빠른 반등 속도를 보인 업종은 '식품업'이었다. 단 2개월 만에 회복했다. 그것도 미국의 1차 반등기가 시작되기

금융위기 후 가장 빠른 반등 후, 재침체되는 산업 – 식품

전에 상승을 시작했다. 하지만 가장 빨리 회복되었지만 장기 소비침체에 대한 우려로 외국인 지분이 하락하면서 잠시 전저점前低點 아래로 급락했다가 2009년 6월 이후 미국의 1차 반등기가 한창일 무렵 외국인 매수세가 다시 유입되면서 재상승을 시작했다.

2그룹

다음은 대폭락 이후에 무난한 반등 추세를 보이는 산업군이다. 생필품, 전자, 철강, 자동차 산업이 여기에 속했다. (1차 반등기는 대략 5~7개월 정도였 걸렸다) 이들 산업군도 미국의 1차 반등기가 한창일 무렵 외국인 매수세가 다시 유입되면서 본격적으로 반등하기 시작했다. 2그룹에서는 업종별로 하락률과 반등률이 큰 차이를 보인다. 여러 가지 이유가 있겠지만, 대략 국내시장 비중이 큰 업종의 하락률이 상대적으로 작았다. 자동차, 전자 등 수출 의존도가 크고 글로벌 경기침체의 영향을 더크게 받는 업종은 하락률이 더 컸다. 하지만 하락률이 큰 만큼 1차 반등기에 상승률도 컸다. 또한 당시 글로벌 경쟁력이 강화되는 추세에 있었던 산업군은 1차 반등기 이후 곧바로 2차 반등기에 진입하면서 전고

2008년 한국 주식시장 붕괴 후, 1차 반등기

금융위기 후, 무난한 회복추세를 보이는 산업 – 생필품, 전자, 철강, 자동차

(이 3가지는 한국기업 국제 경쟁력 때문에 회복기간 빨랐음, 미래는?)

LG생활건강 | 2017.03.28 시:821,000 고:834,400 저:808,000 종:825,000 ▲ 4,000 0.49% 거:29,203
2008.07.04 시:207,000 고:208,000 저:185,000 총:192,500 ▼ -12,500 -6.10% 거:252,465

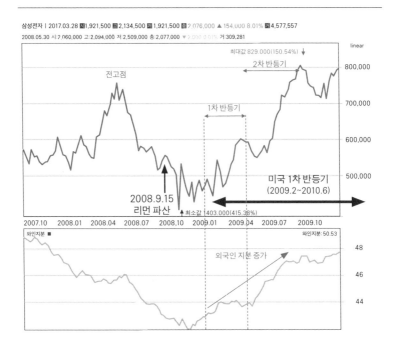

삼성전자 | 2017.03.28 █1,921,500 █2,134,500 █1,921,500 █2,076,000 ▲ 154,000 8.01% █4,577,557
2008.05.30 시:2,060,000 고:2,094,000 저:2,509,000 총:2,077,000 ▼ 2,000 -0.01% 거:309,281

최대값 829,000(150.54%) ↓

linear

전고점

2차 반등기

800,000

1차 반등기

700,000

600,000

미국 1차 반등기
(2009.2~2010.6)

500,000

2008.9.15
리먼 파산

최소값 1403,000(415.38%)

2007.10   2008.01   2008.04   2008.07   2008.10   2009.01   2009.04   2009.07   2009.10

외인지분 █

외인지분: 50.53

48

외국인 지분 증가

46

44

점을 아주 빠른 속도로 돌파했다. 미국의 1차 반등기가 진행되는 동안
이들 산업군은 1~2차 반등기를 한 번에 통과한 셈이다.

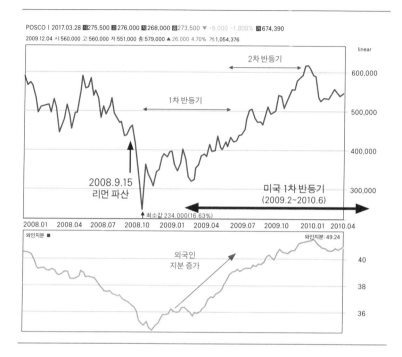

POSCO | 2017.03.28 275,500 276,000 268,000 273,500 ▼ -5,000 -1.808% 674,390
2009.12.04 시:560,000 고:560,000 저:551,000 총:579,000 ▲ 26,000 4.70% 거:1,054,376

linear

2차 반등기

600,000

1차 반등기

500,000

400,000

2008.9.15
리먼 파산

미국 1차 반등기
(2009.2~2010.6)

300,000

↑ 최소값 234,000(16.63%)

2008.01 2008.04 2008.07 2008.10 2009.01 2009.04 2009.07 2009.10 2010.01 2010.04

외인지분 ■

외인지분: 49.24

외국인
지분 증가

40

38

36

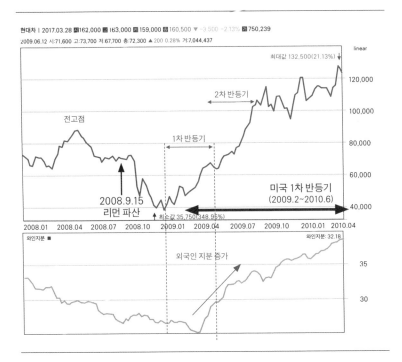

현대차 | 2017.03.28 始162,000 고 163,000 저 159,000 종 160,500 ▼ -3,500 -2.13% 거 750,239
2009.06.12 시:71,600 고:73,700 저:67,700 총:72,300 ▲ 200 0.28% 거:7,044,437

linear

최대값 132,500(21.13%)

120,000

2차 반등기

100,000

전고점

1차 반등기

80,000

60,000

미국 1차 반등기
(2009.2~2010.6)

40,000

2008.9.15
리먼 파산

최소값 35,750(348.95%)

2008.01   2008.04   2008.07   2008.10   2009.01   2009.04   2009.07   2009.10   2010.01 2010.04

외인지분 ■

외인지분: 32.18

외국인 지분 증가

35

30

3그룹

세 번째 그룹은 금융위기 이후 외국인 지분이 돌아오는 시점이 상당히 늦어지면서 회복탄력성이 떨어졌던 업종이다. 심지어 미국의 1차 반등기가 끝날 때까지도 반등 없이 계속 하락했다. 대표적으로 석유화학이 이 그룹에 속했다. 석유화학 업종은 2009년과 2010년 초까지 지속적으로 하락했다. 그리고 2011년경이 되어 3배가 넘게 상승했다. 그 이후 최고점을 찍은 뒤 3~4년 동안 다시 하락하여 금융위기 발발 당시보다 더 낮은 수준으로 주가가 떨어졌다. 석유화학 업종의 이런 특이한 움직임은 미국발 금융위기의 충격을 받기도 했지만, 원유 가격의 변

2008년 한국 주식시장 붕괴 후, 1차 반등기

2008년 금융위기 후, 외국인 지분이 가장 늦게 회복된 산업
(원유가격 회복에 더 크게 의존) – **석유화학**

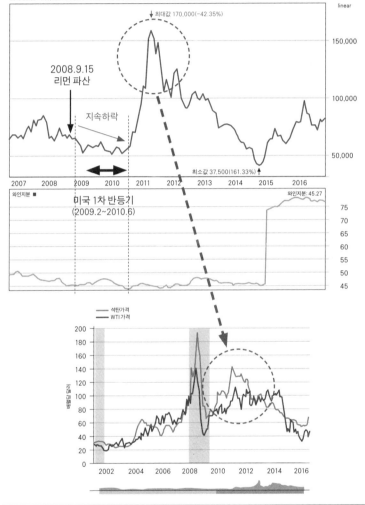

S-Oil | 2017.03.28 ▲87,000 ◨101,000 ▨86,100 ▩98,000 ▲ 11,600 43.43% ⊠6,453,682
2010.09.30 시:57,900 고:71,500 저:57,700 총:70,500 ▲ 12,700 21.97% 거:7,296,495

화에 더 밀접하게 영향을 받기 때문이라고 분석된다. 앞의 그림은 국내 석유회사의 주가 움직임과 글로벌 원유가격의 움직임을 비교한 것이다.

4그룹

네 번째 그룹은 회복이 가장 느린 산업군이다. 대표적으로 이동통신 서비스업이 여기에 속한다. 다음은 이동통신 서비스 회사들의 주가 하락과 회복 패턴을 보여주는 그림이다. 그림에서 보듯이 국내 이동통신 서비스회사들의 주가는 2008년 금융위기 발발 이후부터 2012년경까

2008년 한국 주식시장 붕괴 후, 1차 반등기

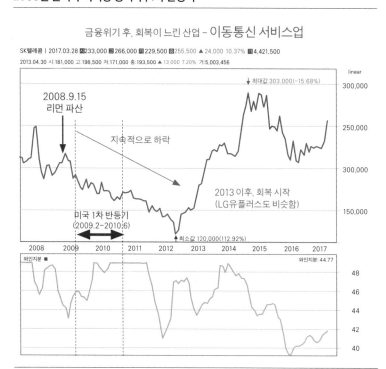

금융위기 후, 회복이 느린 산업 - 이동통신 서비스업

KT | 2017.03.28 A30,600 고33,550 저30,550 종32,500 ▲ 2,050 6.37% 거14,344,484
2010.10.29 시:45,600 고:46,750 저:44,250 종:44,400 ▼ -1,300 -2.84% 거:18,553,451

linear

↓ 최대값 57,000(-42.08%)

일시
회복

지속적으로 하락

미국 1차 반등기
(2009.2~2010.6)

최소값 26,050(24.76%)↑

55,000
50,000
45,000
40,000
35,000
30,000

2008 2009 2010 2011 2012 2013 2014 2015 2016 2017

외인지분 ■

외인지분: 49.00

45
40
35

지 지속적으로 하락했다. 2013년이 지나서야 본격적인 회복에 들어섰
다.

5그룹

마지막 그룹은 부동산 시장 침체가 이어질 때 주의해야 할 산업군으
로 건설업이 여기에 속한다. 다음은 2008년 금융위기 이후 건설회사들
의 주가 움직임을 보여주는 그림이다. 그림을 보면 1차 반등기는 11개
월 정도로 양호했다. 하지만 문제가 하나 있다. 하락폭이 아주 커서 전
고점 대비 약 80%나 하락했다. 건설업은 부동산 경기와 직접 연관된다.

MB정부가 금융위기 이후 침체된 내수 경제를 살리기 위해 대규모 부
동산 부양 정책을 실시하자 2차 반등기가 빠르게 진행되고 큰 폭으로
상승했다. 그러나 반등이 끝나자 상승분을 모두 반납하고 2008년 금융
위기 때보다 더 낮은 신저점을 만들었다.

다음 그림은 2008년 대폭락 후 대세상승기 때 코스피지수의 움직임
이다. 개별 산업군들은 각기 다른 양상을 보였지만, 코스피지수의 움직
임은 1~2차 반등기에 미국과 비슷한 모습을 보였다. 하지만 그 이후 달
라졌다. 한국은 미국보다 훨씬 더 긴 박스권을 형성했다. 아마도 2차 반
등기 후반에 일어났던 유럽발 금융위기와 미국 연준의 긴축정책 기간

부동산 시장 침체가 이어질 때, 주의해야 할 산업 - 건설업

에 발생한 충격을 연달아 맞으면서 상승 동력을 확보하는 데 오랜 시간
이 걸린 듯하다. 결국 한국 주식시장은 미국과 비교할 때, 글로벌 경제
충격에 훨씬 더 취약하다는 점을 확인할 수 있다.

지금까지 2008년 대폭락 이후를 분석한 내용을 종합하면 다음과
같다.

- 한국 역시 미국과 마찬가지로 1차 반등기는 심리적 요인에 의해 상승
  하는 비슷한 모습을 보였다.
- 2차 반등기는 산업별로 당시의 글로벌 경쟁력에 따라서 상승 속도나

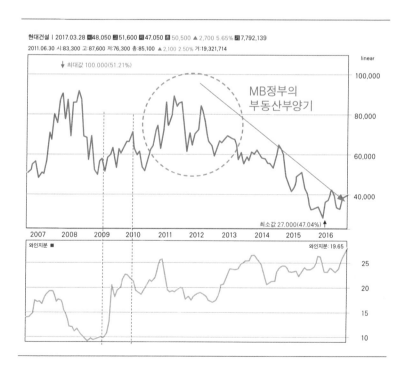

현대건설 | 2017.03.28 A:48,050 B:51,600 C:47,050 D:50,500 ▲ 2,700 5.65% 거:7,792,139
2011.06.30 시:83,300 고:87,600 저:76,300 종:85,100 ▲ 2,100 2.50% 거:19,321,714

↓ 최대값 100.000(51.21%)

linear

MB정부의
부동산부양기

100,000

80,000

60,000

40,000

최소값 27.000(47.04%) ↑

2007 2008 2009 2010 2011 2012 2013 2014 2015 2016

와인지분 ■
와인지분: 19.65

25

20

15

10

2008년 한국 주식시장 붕괴 후, 대세 상승기 비교

KODEX 200 | 2017.03.28 ◢27,555 ◱28,825 ◲27,215 ◳28,510 ▲1,145 4.18% ☒100,700,934
2010.12.30 시:23,334 고:25,509 저:23,195 종:25,517 ▲2,057 8.77% 거:25,769,834

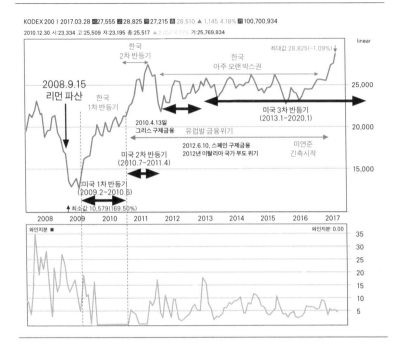

규모에 차이가 있다.

* 한국과 미국은 국가 간 펀더멘털의 차이에 의해서 대세상승기의 3단
  계(박스권)와 4단계(3차 반등기)의 지속 기간, 상승 속도와 폭에서 차이
  가 확연히 벌어졌다.

이런 상황은 2020년에 전개될 대세상승기에도 비슷하게 나타날 가
능성이 크다.

2020년에 가장 크게 반등할
업종을 고르는 3가지 기준

2008년 대폭락 이후 전개된 대세상승장의 1~2차 반등기에 5개 산업
군이 각각 어떻게 다르게 움직였는지 그 패턴을 살펴보았다. 그러나 이
번의 상승장에서도 업종별로 똑같이 움직일 것이라고 생각하면 안 된
다. 시대가 변했기 때문에 과거의 패턴이 그대로 재현되지 않을 것이다.
업종별로 반등의 순서, 속도, 폭이 달라지는 핵심적인 원칙을 3가지로
정리할 수 있다.

첫째, 당시 국내외 시장의 흐름 속에서 성장산업인지 아닌지가 중요하
다. 시대적 흐름을 탄 성장산업이라면 반등 속도가 빠르다. 1992년 한국
주식시장이 상승할 때 가장 크게 상승한 건설업은 당시 기준으로 볼 때
최고의 성장산업이었다. 1998년의 성장산업은 소재, 전자, 경기 관련 소
비재였다. 2008년 위기 때 성장산업은 전자, 자동차, 철강, IT, 연관 산

업재 업종이었다.

둘째, 생활필수업종은 초기에는 빠르게 반등하지만, 위기 이후 실물경기 침체가 장기화할 가능성이 생기면 다시 하락하는 특성을 보인다.

셋째, 위기의 진원지가 된 업종으로 가장 크게 폭락한 산업은 위기에 대한 근본 해결책이 등장해서 정부나 중앙은행의 구제금융 혜택을 받을 경우 다시 크게 상승해서 하락폭의 상당 부분을 만회할 수 있다. 2008년 위기 때 금융산업이 대표적인 예이다.

위 3가지 원칙을 앞으로의 대세상승장에 적용해서 수익을 극대화할 방법을 생각해보자.

먼저 코로나19와 오일전쟁의 타격을 받아서 위기의 진원지가 된 영역은 에너지와 금융업종이다. 이들 산업은 구제금융의 핵심 대상업종으로서 연준의 구제책이나 오일전쟁 휴전 등 위기의 근본 해법이 등장하면 아주 빠르고 큰 폭으로 반등할 산업이다. 그런 영역이 또 있다. 코로나19로 경제가 셧다운 되면서 직접 타격을 본 산업들이다. 항공, 여행, 외식업 등이다. 이들 영역도 정부와 중앙은행이 구제금융과 재정지원을 아끼지 않을 산업이다. 셧다운이 끝나기 전까지는 계속 구제금융에 연명하며 버텨야 하겠지만, 셧다운이 끝나는 순간 빠른 속도로 회복할 산업군이다.

다음으로 생활필수업종을 생각해보자. 반등의 초기에는 빠르게 상승하지만, 실물경기 침체가 장기화할 가능성이 나오면 다시 하락하기 쉬우니 주의할 필요가 있다.

앞으로 상승 국면에서 성장산업으로 떠오를 업종이 무엇일까? 이번에 한국의 산업 중 반도체를 비롯한 IT, 바이오 제약 등이 다시 주목을 받고 있다. 위기 기간에도 주목을 받았지만, 위기 이후에도 지속적으로 주목을 받을 성장산업이다.

2008년 위기와 2020년 위기에서 큰 차이를 보인 산업군도 있다. 이번 위기 동안 각 나라마다 사회적 거리두기, 재택근무, 자가격리 등의 이유로 국민 대다수가 집에 오랫동안 머물게 되었다. 학생들은 초유의 온라인 개학을 경험했다. 이런 과정에서 어린이부터 노인에 이르기까지 남녀노소 할 것 없이 모든 세대가 온라인 경제에 대한 집단적 경험치를 높였다. 불편함도 있었지만, 온라인에 더욱 익숙해지고 친숙해지는 계기가 되었다. 이런 경험과 연관된 산업은 코로나19 위기 이후에도 지속적으로 성장을 이어갈 가능성이 크다.

온라인 관련 산업의 지속적인 성장으로 서버 시장이 커지면서 단기적 반도체업종 역시 수혜를 볼 가능성이 크다. 자동차 산업은 이번에 아주 큰 타격을 입었지만, 국내 자동차 업계가 글로벌 경쟁력을 계속 잃어가고 있는 상황이라서 2차 반등기에는 희비가 엇갈릴 가능성이 높다. 가전 제품은 올림픽 특수가 2021년으로 미뤄졌기 때문에 예상보다 저조하겠지만, 몇 달 동안 유보되었던 구매 물량이 여름 휴가 후 하반기에 몰리면서 서서히 살아날 가능성이 있다.

한 가지 더 있다. 경제 사이클과 화폐 유동성 심리에 민감한지 아닌지에 따라서도 투자 전략을 수립할 수 있다. 이번 위기 이후 실물경기 침체기에 잘 견디는지 아닌지를 구별할 때 사용하면 좋은 기준이다.

경제 사이클, 화폐 유동성 심리에 민감하지 않은 영역:

- 생활필수품(식품, 음료, 의약품, 평상복 등)

- 저가의 소비성 품목(평상옷, 가성비 좋은 생활필수품과 기타 소비제품 등)

- 저렴한 일상 서비스(대중교통, 이발 서비스 등)

경제 사이클, 화폐 유동성 심리에 민감한 영역:

- 고가 사치품과 외식, 휴가 여행관련 수요

- 산업 원자재 및 부품 매출

- 고가의 내구재(자동차, 집, 산업 장비 등)

- 고가의 소비성 품목(스마트폰, 고가 가전품, 고가 의류, 고가 서비스 등)

- 대체 가능한 소비성 품목(휘발유 등)

(3차 반등기까지 바라보고 5년 이상의 장기투자를 계획하는 독자라면, 미래산업에 대해 집중적으로 연구해서 업종을 선별할 수 있다. 이 책에서는 지면 제약상 이 주제까지 다룰 수 없다. 필자의 책 '앞으로 5년, 대담한 반격(지식노마드, 2020 상반기 예정)'을 참고하라)

파는 타이밍이 더 중요하다

어찌 보면 사는 것보다 파는 것에서 그 사람의 진정한 투자 실력이 드러난다. 큰 기회라고 생각해서 샀다. 그러나 주가는 직선으로 상승하는 게 아니라 복잡한 변동을 보이면서 움직인다. 언제 팔아야 할까? 이제까지 설명한 큰 상승 사이클의 움직임과 진행 단계라는 큰 그림을 가지고 각 단계의 전개를 알려주는 신호를 읽으면 좋은 타이밍을 선택할 수 있다. 여기서 한 가지만 다시 강조한다면 이것이다.

의미 있는 수익을 거두려면 1차 반등기를 넘어 최소한 2차 반등기까지는 버텨야 한다.

공포감이 최고치에 이르는 대폭락장과 바닥 부근에서 우리를 압박하는 소음을 견디며 버텼는데 정작 최고의 수익은 기관과 외국인들에게 넘기는 일을 되풀이하지 말자는 말이다.

투자의 성공은 대폭락장에서 얼마에 샀느냐가 아니라 대세상승장에서 언제 얼마에 팔았느냐에 의해 결정된다.

"너무 일찍 산 것은 아닌가?"
"너무 오래 기다리다 매수 기회만 놓쳤네!"

이런저런 후회와 한탄만 많았다. 잘못된 생각이다. 대폭락과 대상승이 함께 묶인 인생 기회 장에서는 남들보다 비싼 가격에 산 것은 큰 문제가 안된다. 그래봐야, 앞으로 상승할 규모에 비하면 큰 차이가 아니기 때문이다. 다시 강조하지만 언제 얼마에 팔지에 대한 전략을 세우고 판단 기준을 세우는 일에, 매수 종목과 타이밍을 연구하

는 것보다 훨씬 많은 시간과 노력을 들여야 한다. 시장을 이기는 수
익으로 돌아올 것이다.

또 다른 두 번의 대기회가 온다,
지금부터 준비하라

2008년 글로벌 금융위기는 그 전까지 몇 년 동안 초저금리를 기반으로 막대한 부채를 발행해서 소비를 늘리고, 부동산과 주식에 투자하면서 쌓인 버블이 붕괴하며 일어난 사건이다. 부채로 만들어진 위기를 해결하기 위해 공교롭게도 또 다른 부채를 일으켰다. 2008년 이전까지 부동산에 가장 많은 부채가 쏠렸다면, 2008년 이후에는 기업영역에 가장 빠르게 많은 부채가 쌓였다. 이번 위기를 촉발한 직접적 사건은 코로나19라는 바이러스였지만, 실물경제과 금융의 위기를 증폭시킨 것은 기업이 쌓아 놓은 막대한 부채였다.

우리 모두가 보고 있듯이 이번에도 다시 막대한 부채를 찍어내서 위기를 넘어가고 있다. 그 결과는 분명하다. 코로나19가 물러간 자리에는 더 커진 부채의 산이 남을 것이다. 그리고 머지않아 부채 위기를 촉발시키는 생각지도 못한 사건이 터지거나, 아니면 연준을 비롯한 선진국의 중앙은행들이 막대하게 풀린 돈의 부작용 때문에 어쩔 수 없이 기준금리를 다시 인상하기 시작하면 부채 위기는 다시 찾아온다.

필자가 첫 번째로 눈여겨 보는 나라는 중국이다. 중국은 1997년 한국의 외환위기 당시처럼 상업영역, 금융권에 막대한 부채와 부실이 쌓여 가고 있다. 더불어 부의 불균형 분배가 급속도로 커지면서 열심히 노력하여 얻는 노동소득보다 부동산을 구매해서 빠르게 부를 쌓는 자산효과가 중국 전체를 휩쓸고 있어서 1차 부동산 버블 붕괴의 시점이 점점 다가오고 있다. 사회주의 정치체제의 특성상 시장을 직접 통제하는 힘이 크기 때문에 위기를 오랫동안 미룰 수 있지만, 힘으로 미루는 만큼 부채는 더욱 크게 쌓이고 위기의 폭발력은 더욱 커진다.

버블의 첫 번째 특징은 "버블은 반드시 붕괴된다. 예외가 없다"이다. 중국도 예외가 아니다. 단지 우리와는 다른 정치체제와 덩치를 가지고 있어서 그리고 운 좋게도 긴축을 시작하고 기준금리를 올리려 할 때마다 다시 위기가 발생해서 잠시 멈추거나, 저금리로 되돌아가는 현상이 반복되면서 막대한 부채를 유지하는 데 들어가는 금융비용이 낮아진 덕분에 조금 더 버티고 있을 뿐이다. 중국은 현재 인류 역사상 가장 큰 부채를 안고 있는 나라가 되었다. 코로나19 팬데믹을 거치며 더 늘어날 것이다. 중국은 금융위기를 통해 부채 축소를 하지 않으면 경제성장률이 더 빨리 하락할 것이다. 장기 저성장에 빠질 수도 있다. 막대한 부채를 등에 짊어지고도 터지지 않는 것은 기적도 아니고, 새로운 모델의 힘이나 탁월한 경제 운영 능력 덕분도 아니다. 그냥 운이 좋을 뿐이다. 운이 다하면 중국도 부채 축소 과정을 시작해야 한다. 산업, 부동산, 금융권의 모든 영역에서 대규모 구조조정을 실시해야 한다. 이번 코로나

19 사태에서 보았듯이 중국이 멈추면 세계가 멈춘다. 중국이 세계경제와 무역, 제조업 공급망에서 차지하는 비중은 10년 전과 비교되지 않을 정도로 커졌다. 그렇기 때문에 중국에서 금융위기가 발생하면, 미국을 비롯해서 전세계 투자시장에 대충격이 발생할 것이다. 대부분의 나라에서 주식시장이 폭락할 것이다.

하지만 중국은 한국의 군사독재 시절보다 더 강력한 관치금융을 실시하는 나라이기 때문에 금융위기가 발발하면 아주 빠르게 구조조정을 실시하고 회복할 것이다. 중국이 금융위기를 당해 부채 축소를 하지 않으면 장기 저성장에 빠지겠지만, 아프고 힘들더라도 금융위기를 거치면 새로운 시스템을 갖추고 더 큰 도약을 할 동력을 얻게 된다. 한국이 외환위기를 거치면서 더 큰 성장을 했듯이 말이다. (물론 부의 불균형 분배도 더 악화하고 사회 전반에 걸쳐서 옛 관습이나 기득권이 무너지고 새로운 패러다임이 형성될 것이다)

투자자 입장에서는 이런 미래를 미리 생각해 보고 잘 준비하고 있으면 중국의 금융위기와 주식시장의 대폭락(짐 로저스 회장이 말한 인생 최대의 하락장일 수도 있음)과 그 이후의 엄청난 재도약 과정에서 큰 기회를 잡을 수 있다.

중국뿐 아니라 한국의 금융위기 가능성에도 대비해야 한다. 한국의 기업 경쟁력은 날로 하락 중이다. 내수 소비시장은 글로벌 경기침체, 고용시장 약화, 막대한 가계부채, 인구구조 변화 등으로 서서히 무너지고 있다. 한국의 제2차 금융위기가 일어난다면 그 뇌관은 부동산 버블과 연결된 막대한 가계부채다. 기준금리 재인상이 시작되어 방아쇠가 당겨지든, 이번 코로나19 충격 이후 부동산 가격이 한계점에 도달해서 시장의 법칙에 따라 스스로 하락하든, 중국의 금융위기가 발발하면서 도미노로 한국도 같이 무너지든, 한국의 가계영역과 좀비기업발 2차 금융위기 발발은 예고된 미래다. 이미 엎질러진 물이기 때문에 주워담을 수 없다. 돈을 더 풀고, 기준금리가 좀더 오래 낮은 수준에서 머물면 인공호흡기를 좀더 사용하는 혜택(?)을 얻을 수 있을 뿐이다.

코로나19 팬데믹으로 가계, 기업, 국가의 부채는 더욱 증가했다. 금융위기가 발발할 때가지 부채는 계속 증가할 것이다. 그렇기 때문에, 한국에서 금융위기 발발이 늦어질수록 충격의 규모는 더 커지고, 회복 기간도 길어질 것이다. 투자자라면 이런 미래 가능성에 대해서 지금부터 준비해야 한다. 경제위기 혹은 금융위기 때에, 미국이든 한국이든, 중앙은행이 발권력을 동원해 공급한 막대한 유동성은 거의 대부분 생산적인 곳에 들어가지 않는다. 그렇게 뿌린 돈은 국가의 미래 경쟁력을 높이는 데 사용되지 않는다. 좀비기업과 가계부채의 수명을 늘려주거나, 최악의 상황을 막는 데 사용될 뿐이다. 돈만 풀고 근본적 수술을 하지 않는다면, 결국 더 큰 거품을 만들어 위기를 뒤로 미룰 뿐이다. 지금 전세계는 이런 일을 하고 있다. 결국 위기는 머지않은 미래에 다시 우리를 찾아올 것이다.

마지막 당부, 이기는 투자자가 되자

책을 마무리하며 독자들에게 부탁하고 싶은 말이 있다. 100세, 120세를 살아야 하는 시대다. 은퇴 후 50~60년을 자식의 도움없이 살아야 하는 시대다. 40대 초반이면 소득 정점에 도달하고, 그 이후로는 소득이 계속 줄어드는 시대다. 이런 시대는 노동소득만으로는 생존할 수 없다. 열심히 일해서 번 돈 중 일부를 잘 모아서, 현명한 투자를 해야 살아남는다. 이제 주식투자는 투기꾼들의 놀이터가 아니라 은퇴 이후를 준비하는 지적 노동의 공간이다. 주식투자에 성공하려면 대기회가 찾아와야 하지만, 동시에 그 기회를 열매로 바꿀 준비가 필수다. 그 준비는 바로 '공부'다.

한 가지 더, 필자는 개인들에게 꼭 장기투자를 하도록 권한다. 장기투자를 해야 복리 효과를 누릴 수 있다. 얼마 전에 들은 국내 굴지의 대기업에서 경력을 쌓은 분의 말이 인상적이었다. "젊었을 때 딱 1억원 모을 때까지만 아껴서 투자하면, 그 다음부터는 월급을 모두 쓰며 여유 있게 살 수 있다. 20년 후부터는 투자 수익만으로도 다 쓰지 못할 만큼 의 돈이 생긴다." 이 분에게 엄청난 투자 비법이 있는 것은 아니다. S&P 500 지수를 추종하는 ETF를 월급 때마다 사는 것이다. 그 분은 S&P 500의 역사적 평균 수익률인 연 10%를 목표로 한다. 1억원을 연 10% 수익으로 투자하면 20년 후에는 8억원이 된다. 그러면 8억원에서 매년 8천만원씩의 수익이 나오게 된다. 더 일찍 시작해서 30년간 투자할 수 있다면 약 20억원이 된다.

이 복리의 마법을 특히 20~30대 독자라면 꼭 기억하라. 20~30대는 앞으로 90~100년을 더 살아야 한다. 투자에 있어서 가장 중요한 밑천 은 종잣돈이 아니라 시간이다. 20~30대는 최고의 무기를 가지고 있는 셈이다. 지금부터 돈을 차근차근 모아 장기적으로 가치투자를 해야 한 다. 이번에 시작된 대기회의 상승장에서도 마찬가지다.

마지막으로 필자가 마음 속 깊이 간직하는 투자 습관을 나누려 한 다. 한 사람의 생활 습관을 보면, 미래에 어떤 모습으로 살지를 대체로 알 수 있다. 투자도 마찬가지다. 성공하는 투자자가 될지 아닐지는 종잣 돈의 규모에서 결정되지 않는다. 투자 습관이 어떻게 형성되어 있는지 를 보면 단번에 알 수 있다.

첫째, 빚내서 투자하지 말라. 빚을 내면 절대로 장기투자할 수 없다.

둘째, 투자 수익률에 과도하게 욕심 부리지 말라. 투자는 욕심대로 되지 않는다. 과도한 욕심을 내면 무리수를 두게 된다. 무리수를 두면 시장과 경제 상황 변화에 대처하기 어렵다. 그렇게 되면 금전적, 정신적 손해를 보게 된다.

셋째, 현금 유동성을 30-50% 확보하라. 현금 유동성이 있어야 위기에 대응할 수 있고, 기회를 계속 살려나갈 수 있다. 아무리 확실한 기회라고 생각해도 자기가 가진 현금 전부를 투자하면 안 된다. 투자 시장에서 100% 확실한 일은 절대 없다.

넷째, 주식을 사고팔 때는 한 번에 하지 말고, 분할 매수 분할 매도하라. 아무리 공부하고 시나리오를 세워도, 단기적으로 시장이 어떻게 변할지는 누구도 알 수 없기 때문이다. 투자시장은 장기적으로는 일정한 방향으로 움직이지만, 단기적으로는 술에 취한 사람처럼 비틀거리며 움직인다. 시나리오가 장기적으로 뜻밖의 사태를 대비하는 수단이라면, 분할 매매는 단기적으로 뜻밖의 사태를 대비하는 중요한 수단이다.

마지막으로, 시장은 끊임없이 변한다. 그래서 겸손한 마음으로 계속 공부하고 연구해야 한다. 그리고 연구한 내용을 믿어야 한다. 자신이 연구한 내용대로 시장이 흘러가지 않더라도 연구한 내용대로 투자해야 한다.

위 원칙은 필자가 가슴에 새기고 실천하려 노력하는 것들이다. 이런 습관을 지키면 10번의 투자 기회에서 6~7번 정도 승리할 수 있다. 이런 승률을 평생 유지하면 은퇴 후 삶을 넉넉히 준비하고도 남을 만큼의 수익을 얻을 수 있다. 다시 강조한다. 투자는 습관이다. 이익을 얻을 수 때도 있고, 손실을 볼 때도 있다. 중요한 것은 습관이다. 최종 승률을 높이는 가장 확실한 방법은 좋은 습관을 만들고 유지하는 것이다. 그렇지 않으면 투자도 도박이 된다.

FUTURE SIGNALS for INVESTING